ХИНДИ-РУССКИЙ СЛОВАРЬ ИДИОМ

हिन्दी-रूसी मुहावरा कोश

Indian Council for Cultural Relations
भारतीय सांस्कृतिक सम्बंध परिषद्

सत्यमेव जयते

Embassy of India
Moscow, Russia

Посольство Индии
Москва, Россия

वाणी प्रकाशन ग्रुप

ХИНДИ-РУССКИЙ СЛОВАРЬ ИДИОМ
हिन्दी-रूसी मुहावरा कोश

Главный редактор : Йогендер Нагпал

Редакционная коллегия

А. В. Челнокова, Прагати Типнис, Сародж Шарма,
Алпана Даш, Манавендр Сингх Шарма

प्रधान सम्पादक : (स्व.) योगेन्द्र नागपाल

सम्पादक मण्डल

आन्ना चेलनोकोवा, प्रगति टिपणीस, सरोज शर्मा,
अल्पना दाश, मानवेन्द्र सिंह शर्मा

वाणी प्रकाशन

प्रकाशन के उत्कृष्टतम 62 वर्ष

vaniprakashan.com

सजिल्द पहला संस्करण : 2025

वाणी प्रकाशन

4695, 21-ए, दरियागंज, नयी दिल्ली-110 002

फ़ोन : + 91 11 23273167, 23275710

शाखाएँ

अशोक राजपथ, पटना-800 004, बिहार

कॉफ़ी हाउस कैम्पस, महात्मा गांधी मार्ग, प्रयागराज-211 001, उत्तर प्रदेश

महात्मा गांधी अन्तरराष्ट्रीय हिन्दी विश्वविद्यालय, वर्धा-442 001, महाराष्ट्र

sales@vaniprakashan.in
vaniprakashan@gmail.com

Hindi-Russian Muhavara Kosh

Chief Editor : (Late) Yogendra Nagpal
Editors : Anna Chelnokova, Pragati Tipnis, Saroj Sharma, Alpana Dash, Manvendra Singh Sharma

ISBN : 978-93-7348-859-2

मूल्य : ₹ 495
₽ 454

सिटी प्रैस, दिल्ली-110 095 में मुद्रित

वाणी प्रकाशन का लोगो मक़बूल फ़िदा हुसैन की कूची से

(09.01.1948 - 01.10.2020)

सम्पादक मण्डल यह कोश उत्कृष्ट भाषाविद् एवं अनुवादक (स्व.) योगेन्द्र नागपाल को समर्पित करता है। उन्हीं की परिकल्पना एवं अथक प्रयासों से यह सम्भव हुआ और आज इस रूप में आपके सम्मुख प्रस्तुत है।

Редакционная коллегия посвящает свой труд его безвременно ушедшему вдохновителю, выдающемуся филологу и переводчику Йогендру Кумару Нагпалу.

सम्पादक मण्डल सुश्री जुल्फिया नागपाल के प्रति उनके द्वारा दिए गये अमूल्य सुझावों, सतत समर्थन एवं सहायता के लिए हार्दिक आभार व्यक्त करता है।

Редакционная коллегия выражает сердечную благодарность г-же Зульфие Нагпал за бесценные советы, поддержку и помощь в создании словаря.

अनुक्रम

- मेरी बात 11
  Приветственное слово 12
- मुहावरा-कोश और उसके सम्पादकों के बारे में चंद शब्द 14
  Несколько слов о словаре и о создателях словаря 15
- दो देशों की भाषाओं के मुहावरों का संवाद-सेतु :
  हिन्दी-रूसी मुहावरा कोश 17
  Хинди-русский словарь идиом: мост между языками двух стран 19
- प्रस्तावना 21
  Предисловие 24
- Использованные символы и сокращения 28
- हिन्दी-रूसी मुहावरा कोश 31
  ХИНДИ-РУССКИЙ СЛОВАРЬ ИДИОМ
- प्रयुक्त मुहावरा कोश एवं शब्दकोश सूची 199
  Список использованных словарей 199
- कोश के सम्पादक 200
  Наши редакторы 202
- (स्व.) योगेंद्र नागपाल 205
  Йогендер Нагпал 206

मेरी बात

भारत और रूस के सम्बन्धों को प्रगाढ़ करने में साहित्य का उल्लेखनीय योगदान रहा है। रूसीजन सदियों से भारत और भारतीय साहित्य के प्रति आकर्षित रहा है। अठारहवीं सदी से ही सेंट पीटर्सबर्ग विश्वविद्यालय के तत्वावधान में संस्कृत रचनाओं का रूसी भाषा में अनुवाद होता रहा। बीसवीं सदी के आते-आते युग बदला, विश्व बदला; भारत और रूस के बीच साहित्यिक आदान-प्रदान का प्रारूप बदला।

रूस में हुई अक्टूबर क्रान्ति और भारत के स्वतन्त्रता आन्दोलन के फलस्वरूप दोनों ही देशों के साहित्य ने नयी दिशा धारण की। भारत में प्रादेशिक भाषाओं का साहित्य तेज़ी से उभरा। बीसवीं सदी के मध्य और उत्तरार्द्ध में रादुगा प्रकाशन, प्रगति प्रकाशन, मीर प्रकाशन आदि ने रूसी साहित्य का विभिन्न भारतीय भाषाओं में अनुवाद कराकर उसे भारतीय पाठकों के लिए आसानी से उपलब्ध कराया।

अनुवाद देशों और दिलों के बीच पुल बनाने का उत्तम कार्य करता है। अनुवाद करते समय सबसे बड़ी चुनौती हमेशा किसी भाषा के मुहावरों, कहावतों और लोकोक्तियों को समझने में आती है। उनमें छिपे लाक्षणिक अर्थों तक पहुँचने के लिए आवश्यक होता है कि उस समाज की संरचना को समझा जाये, उसके जन के चिन्तन को समझा जाये। ऐसा कर पाना विदेशी भाषा सीख रहे छात्रों के लिए प्राय: सम्भव नहीं हो पाता है, हालाँकि उपलब्ध मीडिया संसाधनों के चलते यह काम किसी हद तक वर्तमान में सम्भव होने लगा है। लेकिन साहित्य पढ़ते हुए अथवा उसका अनुवाद करते हुए अगर पास में मुहावरा कोश हो तो साहित्य का रस बढ़ जाता है, अनुवाद का काम आसान और दिलचस्प हो जाता है। इसलिए हिन्दी के रूसी विशेषज्ञों, अध्यापकों, छात्रों, अनुवादकों आदि के समक्ष यह हिन्दी-रूसी मुहावरा कोश प्रस्तुत करते हुए प्रसन्नता तो है ही, साथ ही यह विश्वास भी है कि

इससे रूसियों में हिन्दी साहित्य के प्रति रुचि और बढ़ेगी। यह तो एक सर्वज्ञात तथ्य है कि दिलों को जोड़ने का काम साहित्य और कला से बेहतर कोई नहीं करता।

भारत और रूस के सम्बन्धों की मज़बूत ज़ंज़ीर में यह ख़ूबसूरत कड़ी जोड़ने के लिए मुहावरा कोश तैयार करनेवाले दल को मेरी हार्दिक बधाई और हिन्दी भाषा से सम्बद्ध प्रत्येक रूसी को शुभकामनाएँ।

रूस में भारत के राजदूत

—श्री विनय कुमार

Приветственное слово

Литература играет значительную роль в укреплении отношений между Индией и Россией. Русские люди на протяжении веков проявляют глубокий интерес к Индии и индийской литературе. Уже с XVIII века под эгидой Санкт-Петербургского университета начался перевод на русский язык произведений санскритской литературы. С наступлением XX века изменилась эпоха, изменился мир; изменился и формат литературного обмена между Индией и Россией.

Октябрьская революция в России и движение за независимость Индии придали литературе обеих стран новое направление. В Индии стремительно развивалась литература на региональных языках. Во второй половине XX века такие издательства, как «Радуга», «Прогресс», «Мир» переводили русскую литературу на различные индийские языки, делая её легко доступной для индийских читателей.

Перевод — это прекрасный способ построения мостов между странами и сердцами. Однако самой большой трудностью при переводе всегда остаётся понимание идиом, пословиц и поговорок. Чтобы постичь их образный смысл, необходимо понять структуру общества, осмыслить мышление его народа. Студентам, изучающим иностранный язык, это удаётся не всегда, хотя современные медиаресурсы в какой-то степени облегчают эту задачу. Тем не менее, чтение художественной литературы или работа с переводом становятся намного приятнее и интереснее, если под рукой есть словарь идиом. Он не только помогает усилить восприятие литературного текста, но и упрощает сам процесс перевода.

Поэтому я с радостью и уверенностью представляю **хинди-русский словарь идиом**, который адресован русским специалистам по хинди, преподавателям, студентам, переводчикам и всем, кто интересуется этим направлением. Уверен, что благодаря этому словарю интерес к хинди и индийской литературе в России возрастёт ещё больше. Всем известно, что ничто не сближает сердца так, как литература и искусство.

Поздравляю коллектив, подготовивший этот словарь идиом, с тем, что они стали прекрасным звеном в крепкой цепи индийско-российских отношений, и от всей души желаю успехов всем россиянам, связанным с хинди.

Винай Кумар

Чрезвычайный и Полномочный Посол Индии в России

मुहावरा-कोश और उसके सम्पादकों के बारे में चंद शब्द

आपके सम्मुख प्रस्तुत हिन्दी-रूसी मुहावरा-कोश हिन्दी के अध्ययन-अध्यापन से जुड़े लोगों, अनुवादकों और हिन्दी में रुचि रखने वालों के लिए एक अनमोल भेंट है।

मुहावरे ऐसे पदबन्ध होते हैं, जिनका शाब्दिक अनुवाद बेतुका और प्रायः समझ से परे होता है, किन्तु उनका अर्थ उसमें निहित शब्दों के पारस्परिक सम्बन्ध से निकलता है और यही उनका लाक्षणिक अर्थ होता है। ये पदबन्ध सदियों की वाचक-परम्परा की कसौटी पर चढ़कर निखरे होते हैं। ये वे मोती हैं, जो प्रत्येक भाषा को अलंकृत और उसकी संस्कृति को समृद्ध करते हैं।

प्रस्तुत कोश की परिकल्पना भाषाविद् और अनुवादक श्री योगेन्द्र कुमार नागपाल की थी और उन्होंने ही इसकी समस्त भूमि तैयार की। अनेक वर्ष शोध करके उन्होंने इसके लिए सामग्री एकत्र की। इसके लिए उन्होंने प्रसिद्ध रूसी कोशकारों और भाषाविदों, जैसे दिमीत्रि उशाकोव, व्लादिमीर दाल, दितमार रोज़ेन्ताल, यूरी रोझदेस्तवेन्स्की के कार्यों का विश्लेषण और अध्ययन किया। एक लम्बे अरसे तक वे 'प्रगति प्रकाशन-गृह' से जुड़े रहे और उन्होंने रूसी व सोवियत साहित्य की बहुत-सी रचनाओं का हिन्दी में अनुवाद किया। अनुवाद के क्षेत्र में उनका अनुभव और कौशल ही इस कोश का आधार बना।

इस मुश्किल काम के लिए उन्होंने सक्षम और ज़िम्मेदार विशेषज्ञों के एक दल का गठन किया, जिसमें सेंट पीटर्सबर्ग राजकीय विश्वविद्यालय की आन्ना चेलनेकोवा, मॉस्को की प्रगति टिपणीस, सरोज शर्मा एवं अल्पना दाश तथा दिल्ली के श्री मानवेन्द्र सिंह शर्मा शामिल हैं। इन सबके साथ मिलकर योगेन्द्र कुमार नागपाल ने अपने अन्तिम दिनों तक इस कोश के सृजन पर कड़ी मेहनत और बारीकी से काम किया। शब्दों, पदों, अवधारणाओं की सभी बारीकियों पर एक-

दूसरे से परामर्श, तर्क-वितर्क, चर्चा और स्पष्टीकरण करते हुए वे अक्सर समय तथा अन्य सभी बातों को भुलाकर देर रात तक काम करते रहते थे।

योगेन्द्र नागपाल के असमय निधन के बाद उनकी टीम ने काम जारी रखा और उसे उसके अंजाम तक पहुँचाया। यह अपने आप में बहुत मत्त्वपूर्ण और बड़ा काम है। इस मुहावरा कोश में यथा-सम्भव रूसी के समतुल्य मुहावरे दिए गये हैं। यों कहा जा सकता है कि सम्पादकों ने दो भाषाओं की अनूठी निधि (मुहावरों) के आधार पर इसे गठित किया है और दो राष्ट्रों की झरने-सी अविरल बहती अनमोल विरासत से पाठकों का परिचय कराया है।

प्रस्तुत मुहावरा कोश में निहित जानकारी से हम सभी को अपनी भाषा को समृद्ध करने एवं अपनी शैक्षिक सम्पदा को बढ़ाने का अवसर मिलेगा। साथ ही, आने वाली कई पीढ़ियाँ बोलचाल की एक सम्पन्न भाषा से लाभान्वित होंगी।

मैं ज़ुल्फ़िया नागपाल अपने इस सन्देश के ज़रिये प्रगति टिपणीस, सरोज शर्मा, अल्पना दाश, मानवेन्द्र सिंह शर्मा, आन्ना चेलनेकोवा का इस काम के प्रति उनके समर्पण के लिए शुक्रिया अदा करना चाहती हूँ।

मेरे पति श्री योगेन्द्र नागपाल द्वारा शुरू किये गये काम को सफलता के इस सोपान पर पहुँचाने तथा हिन्दी से सम्बद्ध लोगों को यह नायाब तोहफ़ा देने के लिए इस कोश से जुड़े सभी लोगों का हृदय की गहराइयों से आभार।

— श्रीमती ज़ुल्फ़िया नागपाल

Несколько слов о словаре и о создателях словаря

Предложенный вашему вниманию Хинди-Русский словарь идиом – это уникальный труд для исследователей языка, для переводчиков, для обычного человека.

Идиомы- это устойчивые выражения, в которых дословный перевод абсурден и не понятен, но смысл вытекает именно из взаимосвязи входящих в него слов. Это обороты речи, отшлифованные многовековым течением времени. Они, словно жемчужины, украшают и обогащают любой язык, любую национальную культуру.

Идея создания данного словаря принадлежит филологу-переводчику Йогендеру Кумару Нагпалу. Много лет он собирал материал для этого издания, анализируя и изучая труды известных лексикографов, лингвистов – Д.И. Ушакова, В.И.Даля, Д.Э.Розенталя, Ю.В.Рождественского.

Долгое время Й.К. Нагпал занимался переводами русской и советской литературы на язык хинди в издательстве «Прогресс».

Научные знания и бесценный опыт переводчика стали базовым ресурсом для материала словаря идиом.

Вместе с командой ответственных и грамотных специалистов, профессионалов, таких как доцент Санкт-Петербургского Государственного университета Анна Челнокова, Прагати Типнис, Сародж Шарма, Алпана Даш из Москвы и Манавендр Сингх Шарма из Дели – Йогендер Нагпал много и скрупулёзно работал над книгой. Советуясь друг с другом, споря, обсуждая и уточняя все нюансы слов, терминов, понятий, они часто работали до глубокой ночи, забыв о времени и других делах.

После ухода из жизни Й.К. Нагпала вся команда продолжила работу и довела дело до конца.

Проделан титанический и уникальный труд. Авторы словаря собрали сокровища двух языков и предложили нам пользоваться чистым, как родник, драгоценным наследием двух народов.

Знания, почерпнутые из данного словаря, обогатят язык и повысят образованность каждого из нас, помогут развитию культуры речи многих будущих поколений.

Спасибо, дорогие Прагати, Сародж, Алпана, Анна Челнокова, Манавендр Сингх Шарма за то, что завершили работу, начатую моим мужем Й.К. Нагпалом, и ваш общий нужный людям труд вышел в свет.

С благодарностью и уважением к авторам издания–Зульфия Нагпал

दो देशों की भाषाओं के मुहावरों का संवाद-सेतु : हिन्दी-रूसी मुहावरा कोश

शब्दकोशों का निर्माण कठिन कार्य है, उसमें भी मुहावरा कोश का निर्माण तो और भी कठिन है, विशेष रूप से जब मुहावरा कोश द्विभाषी हो। लेकिन इन कोशों का कितना महत्त्व है, इसे महर्षि पतंजलि ने इस प्रकार व्यक्त किया है– **"अवैयाकरणस्त्वंधः वधिरः कोश विवर्जितः"**

अर्थात् अवैयाकरण अन्धा और कोशज्ञानरहित व्यक्ति बहरा होता है। हिन्दी-रूसी भाषा के मुहावरा कोश का निर्माण इस दृष्टि से एक ऐतिहासिक कार्य है।

भाषा की प्रवाहात्मकता, अभिव्यंजना कौशल, सम्प्रेषणीयता आदि मुहावरों पर निर्भर करते हैं। जिस बात को हम लम्बी-चौड़ी भूमिका बनाकर भी नहीं समझा सकते, उसे कहावतों और मुहावरों के प्रयोग से पल भर में भली-भाँति समझा सकते हैं। लोक में घटित किसी घटना, रूढ़ि, परम्परा आदि से ही मुहावरों का जन्म होता है। मुहावरों का प्रयोग भावावेग में स्वतः ही होता है। इसीलिए जिस भाषा में मुहावरों का प्रयोग जितना अधिक और सटीक होता है, वह भाषा उतनी ही अर्थगर्भित और सम्प्रेषणीय हो जाती है।

मुहावरा सम्पूर्ण वाक्य न होकर वाक्यांश या वाक्य-खण्ड है। बोलचाल में मुहावरों का प्रयोग किसी वाक्य के साथ ही किया जा सकता है, स्वतन्त्र रूप में नहीं। वाक्य में प्रयोग होते समय मुहावरों का वचन, लिंग, कारक, काल आदि प्रसंगानुसार बदल जाते हैं। जैसे–'आग से खेलना' मुहावरे को–'वह आग से खेल रहा है।...वह आग से खेल रही है।...आग से खेलना ठीक नहीं है।' आदि अनेक तरह से प्रयोग कर सकते हैं।

मुहावरों का आशय सीधे-सीधे नहीं निकलता है बल्कि लक्षणा और व्यंजना से उसका अभिप्राय ग्रहण किया जाता है। मुहावरे अपने साथ केवल सामान्य अर्थ ही लेकर नहीं चलते, बल्कि उनके साथ सम्बन्धित भाषा का पूरा लाव-लश्कर होता है। मुहावरों के साथ उस भाषायी क्षेत्र की परम्पराएँ, संस्कार, लोक-संस्कृति, रीति-

रिवाज़ आदि सब उनमें निहित रहते हैं, और सम्बन्धित मुहावरे का अर्थ इन सबके परिवृत्त में ही खुल पाता है।

दूसरी भाषाओं के पारस्परिक अनुवाद के समय दोनों भाषाओं के मुहावरों की यदि गहन जानकारी अनुवादकर्ता को नहीं है, तो वह अनुवाद नहीं कर सकेगा। और यदि अनुवाद के लिए पारस्परिक भाषाएँ दो देशों की हैं, तो यह भी निश्चित ही है कि उनमें मुहावरे तो होंगे ही, क्योंकि दुनिया की हर भाषा में मुहावरे होते हैं। मुहावरों में सम्बन्धित देश की संस्कृति, परम्पराएँ, लोकविश्वास, रीति-रिवाज़, ऐतिहासिक तथ्य, घटनाएँ आदि गुँथी होती हैं। जैसे भारतीय संस्कृति में–इन वाक्यांशों 'दीपक को बुझाना' और 'दूकान को बन्द करना' ठीक नहीं माना जाता है, इसलिए इनका प्रयोग बोलचाल में नहीं होता है। मुहावरों में भी इनका प्रयोग इस रूप में इसीलिए नहीं होता है। मुहावरों में–'दीया बढ़ाना या दीया ठण्डा करना' और 'दुकान/दूकान बढ़ाना' का प्रयोग मिलेगा। यदि अनुवाद करने वाले को भारतीय संस्कृति की इन सूक्ष्म बातों की जानकारी नहीं है, तो वह ऐसे मुहावरों का अनुवाद करते समय उनके अर्थ का अनर्थ कर देगा। सांस्कृतिक परम्पराओं से युक्त मुहावरों के ऐसे उदाहरण प्रत्येक भाषा में मिलेंगे।

यदि हिन्दी और रूसी भाषाओं के पारस्परिक अनुवाद की दृष्टि से देखें तो 'हिन्दी-रूसी' मुहावरा कोश अति महत्त्वपूर्ण है। निश्चित रूप से इस द्विभाषी मुहावरा कोश में बहुत से मुहावरे सम्मिलित हो पाने से छूट गये होंगे, जिन्हें अगले संस्करणों में जोड़ा जा सकता है। लेकिन यह एक ऐसी शुरुआत है जो हिन्दी-रूसी अनुवादकों के अनुवाद-पथ को थोड़ा और सहज व सुलभ बना सकेगी, ऐसा हमारा सहज विश्वास है।

यह मेरे लिए बहुत ख़ुशी की बात है कि मैं इस कोश से प्रत्यक्ष और परोक्ष रूप से लम्बे समय से जुड़ा हुआ हूँ। प्रगति टिपणीस के साथ इस कोश पर मेरी बातचीत होती रही है और सम्पादक-मण्डल की कार्य-प्रक्रिया से मैं अवगत रहा हूँ। मुझे इस बात की जानकारी है कि समस्त दल ने कितनी लगन और मेहनत से इसे तैयार किया है। इस महनीय और अंतरराष्ट्रीय मुहावरा कोश के सम्पादक मण्डल को हार्दिक बधाई और शुभकामनाएँ देते हुए मैं स्वयं को गौरवान्वित महसूस कर रहा हूँ। हिन्दी और रूसी दोनों भाषाओं से थोड़ा भी लगाव रखने वाले इस मुहावरा कोश को हाथों-हाथ लेंगे, यह आशा तो की ही जा सकती है।

-डॉ जगदीश व्योम
साहित्यकार एवं कोशकार (भारत)
मोबाइल : +91 9868304645
ईमेल : jagdishvyom@gmail.com

Хинди-русский словарь идиом: мост между языками двух стран

Создание словарей–дело непростое, а составление словаря идиом ещё труднее, особенно если речь идёт о подобном двуязычном словаре. А то, насколько важны такие словари, отмечал еще древнеиндийский мудрец Патанджали, сказавший:

«Тот, кто не знает грамматики–слеп, а кто не знает лексики–глух».

Вот почему создание хинди-русского словаря идиом можно рассматривать и как историческое достижение.

Плавное течение языка, его выразительность и способность выполнять коммуникативные функции во многом зависят от идиом. То, что невозможно объяснить длинными речами, можно передать точно и образно с помощью пословиц и фразеологических оборотов. Идиомы рождаются из событий, обычаев, традиций народной жизни. Использование идиом зачастую происходит спонтанно, в порыве эмоций. Поэтому чем точнее и обильнее человек употребляет в своей речи идиомы, тем выразительнее и содержательнее его речь становится.

Идиома–это не полноценное предложение, а словосочетание или его часть. В разговорной речи идиомы часто употребляются как часть предложения, а не самостоятельно. В зависимости от контекста они могут изменяться по числу, роду, падежу, времени и т. д. Например, идиома *«играть с огнём»* может использоваться в разных вариантах: *«он играет с огнём», «они играют с огнём», «играть с огнём–небезопасно»* и так далее.

Смысл идиом не воспринимается буквально, а постигается через подтекст и образность. Идиомы несут в себе не только общий смысл, но и содержат отсылку ко всему культурно-языковому контексту. В них заложены традиции, ценности, народная культура, обычаи соответствующего языкового сообщества, и понять их значение можно исключительно с учётом этих факторов.

Если переводчик не обладает глубоким знанием идиом обоих языков, он не сможет выполнить полноценный перевод с одного языка на другой. А если языки принадлежат разным странам, то, несомненно, в них будут свои уникальные идиомы, поскольку идиомы присутствуют в каждом языке мира. В идиомах отражаются культура, традиции, верования, обряды, исторические события и многое другое. Например, в индийской культуре считается неблагоприятным говорить *гасить лампаду или закрывать лавку*, поэтому такие выражения в языке не используются в привычной форме. Вместо них употребляют идиомы вроде *«увеличить свет лампады или раздувать лампаду»* или *«развивать лавку»*. Если переводчик не знаком с этими тонкостями индийской культуры, он может неверно передать смысл идиом. Такие культурно обусловленные выражения встречаются в любом языке.

Для перевода в паре хинди-русский язык **хинди-русский словарь идиом** будет играть исключительно важную роль. Естественно, что в этот двуязычный словарь пока не удалось включить все возможные идиомы — их можно будет добавить в следующих изданиях. Но это начало, которое, мы уверены, сделает перевод с хинди на русский и с русского на хинди более лёгким и доступным.

Для меня большая радость, что я уже долгое время связан с этим словарём как напрямую, так и косвенно. Я находился в диалоге с Прагати Типнис по поводу работы над словарём и был знаком с деятельностью редакционной коллегии. Мне известно, с каким усердием и преданностью они выполняли свою работу. Я испытываю гордость, передавая свои поздравления редакционной коллегии в связи с выходом в свет этого замечательного словаря, который будет иметь и международное значение, и желаю им всего наилучшего. Можно с уверенностью ожидать, что все, кто хоть немного интересуется хинди и русским языком, будут с радостью использовать этот словарь.

–Д-р Джагдиш Вьом
Литератор и лексикограф
(Индия)
Моб. 9868304645
Эл. почта: jagdishvyom@gmail.com

प्रस्तावना

किसी भी भाषा पर किसी व्यक्ति की पकड़ को तभी मज़बूत समझा जा सकता है, जब वह भाषा में प्रयुक्त होने वाली कहावतों, लोकोक्तियों को समझे, जब उस भाषा के मुहावरे उसकी ज़ुबान पर बैठे हों।

इस मुहावरा कोश के सूत्रधार (स्व.) श्री योगेन्द्र नागपाल जी को रूसी-हिन्दी अनुवाद के अपने दीर्घकालीन कार्य के दौरान अपने रूसी साथियों के साथ काम करते हुए इस बात की तीव्र अनुभूति हुई थी कि भाषा का व्याकरण अच्छी तरह से जानने और पर्याप्त शब्द-सम्पदा रखने के बावजूद रूस के हिन्दीविदों के लिए हिन्दी मुहावरे समझना अक्सर टेढ़ी खीर साबित होता है। इसी कमी की भरपाई के लिए उन्होंने हिन्दी-रूसी मुहावरा कोश के सम्पादन का कठिन ज़िम्मा वर्ष 2018 में उठाया था और वर्तमान सम्पादक-मण्डल के सदस्यों को एकत्र कर एक दल बनाया था।

रूसी-हिन्दी अनुवाद-जगत् के दैदीप्यमान नक्षत्र श्री योगेन्द्र नागपाल को वर्ष 2020 में कोरोना के राहु ने असमय ग्रस लिया। मुहावरा कोश परियोजना पर यह भारी आघात था। फिर भी वर्तमान सम्पादक-मण्डल पूरी शिद्दत के साथ उनके द्वारा शुरू किये गये काम पर लगा रहा और अन्ततः उसे पूरा करने में सफल रहा है।

इस कोश के लोकार्पण का स्थान और अवसर मॉस्को अन्तरराष्ट्रीय पुस्तक मेले से बेहतर शायद ही कोई हो सकता था। इस वर्ष 3 से 7 सितम्बर तक होने वाले मॉस्को अन्तरराष्ट्रीय पुस्तक मेले में भारत विशिष्ट-अतिथि की हैसियत से भाग ले रहा है। ज़ाहिर बात है कि इस बार मेले में भारत और भारतीय साहित्य में रुचि रखने वालों का जमावड़ा अन्य मेलों से अधिक रहेगा, यानी यह मुहावरा कोश फ़ौरन ही उन हाथों में पहुँच जायेगा, जिन्हें ध्यान में रखकर इसे बनाया गया है। हमें उम्मीद ही नहीं पूरा यक़ीन है कि यह कोश हिन्दी सीखने वालों और उसमें रुचि रखने वालों के लिए मील का पत्थर साबित होगा।

मुहावरा कोश बनाने की हमारी यात्रा सरल नहीं रही है। मुहावरों के चयन की प्रक्रिया से लेकर उनके अर्थों को परिभाषित करने तक के सभी स्तरों पर हमें गहन शोध से गुज़रना पड़ा है। इसलिए अपने कोश के बारे में निम्न बातें अब हम पूरे विश्वास से कह सकते हैं :

- मुहावरे की सुस्पष्ट कसौटी तय की गयी है और उसका पालन किया गया है। पदबन्ध का अर्थ यदि उसके शब्दों के अर्थों से अलग बनता है तो वह मुहावरा है, यदि पदबन्ध का अर्थ उसके शब्दों के अर्थ को मिलाकर बना अर्थ ही है तो वह मुहावरा नहीं है। जिन पदबन्धों से मात्र अभिधात्मक अर्थ निकलता है, उन्हें हमने अपने कोश में नहीं रखा है। लाक्षणिक अर्थ के बिना कोई पदबन्ध मुहावरे की कसौटी पर ख़रा उतर ही नहीं सकता।
- मुहावरों के सभी पहलुओं, बारीकियों, अर्थ-छटाओं आदि को ध्यान में रखते हुए सुस्पष्ट व्याख्या के साथ उनके अर्थ दिए गये हैं। बहुअर्थीय मुहावरों के अर्थों को क्रम-संख्या के साथ दिया गया है। एक ही अर्थ की विभिन्न अर्थ-छटाओं को अर्द्धविराम (;) से अलग किया गया है।

सम्पादक-मण्डल के प्रत्येक सदस्य ने रूस में रहकर रूसी भाषा में शिक्षा प्राप्त की है और अपने लम्बे प्रवास के फलस्वरूप उन्होंने व्यावहारिक रूसी भाषा का अनुभव अर्जित किया है। कोश के भारतीय सम्पादक हिन्दी-पट्टी के अलग-अलग भागों से ताल्लुक रखते हैं। मातृभाषा के मुहावरों की व्याख्या देते समय उन्होंने रूसी भाषा के व्यावहारिक पहलुओं को ध्यान में रखा है। सेंट पीटर्सबर्ग राजकीय विश्वविद्यालय की प्रोफ़ेसर आन्ना चेलनोकोवा मुहावरा कोश की परिकल्पना के समय से इसके साथ जुड़ी हुई हैं और हिन्दी तथा रूसी दोनों भाषाओं की अच्छी जानकार होने के फलस्वरूप उन्होंने रूसी अर्थों को अत्यधिक सरल, स्पष्ट और सटीक बनाया है। प्रूफ़रीडिंग करते समय इस बात की पुष्टि रूसी-भाषाविद् श्रीमती ज़ुल्फ़िया नागपाल ने भी की।

मुहावरों की यह विशेषता होती है कि वे लोक-भाषा का अटूट हिस्सा होते हैं। समय और परिवेश के साथ-साथ भाषा बदलती है, मुहावरे भी नये रूप धारण करते जाते हैं। कुछ मुहावरों के मूल रूप में उनमें निहित संज्ञा उर्दू यानी फ़ारसी, अरबी, तुर्की आदि में थी लेकिन लोक-भाषाओं के सम्पर्क में आने पर इन मुहावरों की संज्ञा लोकभाषा की संज्ञा में बदल गयी है–उदाहरण के तौर पर नज़र के साथ वाले मुहावरे दीठ, डीठ आदि से भी मिलते हैं, ख़ून के मुहावरे लहू से भी मिलते

हैं, दिल के कुछ मुहावरे हृदय के साथ भी प्रयोग में सुनाई देते हैं। स्थानीय भाषाओं में गठित लाक्षणिक अर्थों वाले पदबन्धों को हमने अपने कोश में इसलिए रखा है ताकि रूसी विद्यार्थियों के लिए वे हर रूप में उपलब्ध रहें और उनके अर्थ खोजने में उन्हें आसानी हो।

यह कोश मुख्यत: हिन्दी से सम्बद्ध रूसियों के लिए बनाया गया है ताकि हिन्दी की उनकी समझ समृद्ध हो।

- कुछ ऐसे पदबन्ध जैसे 'तिलांजलि देना' या 'अन्त सुधरना' आदि भी बतौर मुहावरे दिए गये हैं। इन पदबन्धों के अर्थों के साथ इनकी सुस्पष्ट व्याख्या भी दी गयी है, जिसमें यह बताया गया है कि यह अर्थ किस भारतीय परम्परा अथवा मान्यता से जुड़ा है।
- हिन्दी भाषा के अधिकांश पद जैसे 'अक़्ल का दुश्मन', 'ज़हर की पुड़िया', 'छुपा रुस्तम', 'ककड़ी-चोर', 'रँगा सियार' आदि भी कोश में इसलिए रखे गये हैं, ताकि इस प्रकार के पदों से सामना होने पर पाठक उनका अर्थ समझ सकें और उन्हें प्रयोग में ला सकें।
- 'आँख मारना/मिचकाना' एवं 'कान में तेल/रूई डालकर' बैठना जैसे मुहावरों की इसके बावजूद भी अलग प्रविष्टियाँ नहीं दी गयी हैं कि पहले उदाहरण में क्रिया के दो विकल्प हैं और दूसरे में संज्ञा के। इसका कारण यह है कि ये प्रविष्टियाँ हमारे कोश में अगली ही होतीं या बिलकुल निकट होतीं, 'मारना' के एकदम नीचे ही 'मिचकाना' आता और 'कान में तेल' के एकदम बाद आता 'कान में रुई'। वहीं 'बाँह ऊँची/बुलन्द होना' की दोनों प्रविष्टियों के बीच मात्र एक मुहावरा ही आता, इसलिए इन्हें अलग नहीं किया है।
- मुहावरों में संज्ञाओं के प्रयुक्त विकल्पों को देने का उद्देश्य पाठकों का परिचय समानार्थी मुहावरों से कराना है, उदाहरण के तौर पर–'आँखों में टेसू/तीसी फूलना' तथा 'आँखों में तीसी/टेसू फूलना'। वहीं क्रियाओं के विकल्प देने का उद्देश्य यह बताना है कि अमुक संज्ञा के साथ कौन-कौन सी क्रियाएँ अमुक अर्थ में मुहावरा गठित करती हैं, यानी–संज्ञा 'कान' के साथ क्रियाएँ 'देना' और 'धरना' जुड़कर समानार्थी मुहावरे बनाती हैं।

मुहावरों के रूसी अर्थ बनाने के पहले हमने उन्हें हिन्दी में परिभाषित किया था। इस काम में सन्दर्भ-सूची में इंगित कोशों के अलावा दिल्ली के श्री मानवेन्द्र सिंह शर्मा ने हमारी सतत पर्याप्त सहायता की है।

अनुवाद और लेखन के क्षेत्र में सभी सम्पादकों को थोड़ा-बहुत अनुभव था परन्तु मुहावरा कोश सम्पादन का अनुभव बिलकुल नहीं था, अतएव प्रस्तुत कोश में कुछ त्रुटियाँ अवश्य रह गयी होंगी। इस प्रकार के कोश की गहन आवश्यकता अक्सर महसूस होने की वजह से ही यह बीड़ा उठाया गया था। हमें पाठकों और आलोचकों के सुझावों और टिप्पणियों की प्रतीक्षा रहेगी ताकि अगले संस्करण को परिमार्जित कर हम उसे हिन्दी-साधकों लिए और अधिक उपयोगी बना सकें।

—सम्पादक मण्डल, अगस्त 2025

Предисловие

Можно сказать, что человек в полной мере овладевает иностранным языком только тогда, когда начинает хорошо понимать и с легкостью использовать в собственной речи пословицы и поговорки. Идейный вдохновитель этого словаря, покойный господин Йогендр Нагпал, обладавший огромным опытом в области перевода между русским языком и хинди и активно сотрудничавший со своими коллегами из России, заметил, что несмотря на хорошее знание грамматики и богатый словарный запас, многие русские индологи порой испытывают трудности в понимании идиом хинди. Именно для восполнения этой лакуны в 2018 году г-н Нагпал взял на себя нелёгкую задачу по созданию хинди-русского словаря идиом и собрал для этого редакционную группу.

Увы, в 2020 году корона-вирус, подобно злобному демону Раху, преждевременно забрал от нас этого выдающегося филолога, настоящего светилу мира перевода. Это стало тяжёлым ударом для проекта по созданию словаря идиом. И все же трудившейся с полной самоотдачей редакционной коллегии удалось завершить начатую им работу.

Трудно представить себе более подходящее время и место для презентации этого словаря. С 3 по 7 сентября 2025 года в Москве проходит Международная книжная ярмарка, на которой Индия участвует в качестве почётного гостя. Естественно, на этом форуме будет множество гостей, испытывающих неподдельный интерес к Индии и индийской литературе, а значит, данный словарь идиом сразу окажется в руках тех, для кого он и был создан. Мы не просто надеемся–мы твёрдо уверены в том, что этот словарь должен стать важным подспорьем для изучающих язык хинди и интересующихся им.

Работа над созданием словаря оказалась непростой. Отбор идиом и формулировка их значений потребовали большой исследовательской работы, основные принципы которой могут быть обозначены следующим образом:

- Прежде всего был чётко определён обязательный критерий для отбора идиом. В упрощенной форме его можно сформулировать так: если значение устойчивого словосочетания не складывается напрямую из значений входящих в него слов, оно считается идиомой; если же значение словосочетания очевидно из значений слов–это не идиома. Следовательно, в данный словарь не были включены словосочетания, которые понятны на хинди в своём буквальном значении, но лишь те, понимание которых предполагает определенный перенос буквального значения слов.
- Мы стремились привести в словаре наиболее точные, подробные и развернутые описания значения идиом с учетом всех их аспектов, нюансов и смысловых оттенков.

Каждый участник редакционной коллегии из числа носителей хинди получил образование в России на русском языке и за долгие годы проживания в стране приобрёл богатый опыт практического употребления языка. Индийские редакторы словаря представляют разные регионы хинди-язычного пояса. Объясняя идиомы родного языка, мы стремились учитывать особенности живой русской речи. Специалист в области индийской филологии, доцент Санкт-Петербургского Государственного университета Анна Челнокова, участвующая в проекте с самого начала, отличный знаток как русского языка, так и хинди, внесла большой вклад в создание полных, простых и точных значений идиом на русском. Это было подтверждено также и русским филологом г-жой Зульфией Нагпал в процессе вычитки.

Идиомы–неотъемлемая часть народного языка. Язык развивается, он видоизменяется с течением времени и сменой условий, и идиомы также принимают новые формы. В состав некоторых идиом хинди входят слова из урду, значит из персидского, арабского и тюркского языков, однако со временем, под воздействием народной разговорной речи, такие слова могут заменяться на индоевропейские аналоги– например, идиомы со словом «नज़र (взгляд)» могут встречаться и со словами «दीठ (взгляд)», «डीठ (взгляд)»; идиомы со словом «ख़ून (кровь)»–«с लहू (кровь)»; с «दिल (сердцем)» — и с «हृदय (сердцем)». Мы включали в словарь как оригинальные, таки и модифицированные варианты идиом, чтобы русскоязычные специалисты могли ознакомиться со всеми значениями и без лишних трудностей пользоваться словарём.

Этот словарь в первую очередь предназначен для носителей русского языка, изучающих хинди, и призван помочь им углубить свое понимание языка. Некоторые идиомы и устойчивые выражения, связанные с индийской культурой и ее реалиями, такие как 'तिलांजलि देना' («порвать связь с кем-л. [часть посмертного ритуала у индуистов, при котором родные берут в ладони горсточку семян кунжута и воду и выливают это от имени покойника]») или 'अन्त सुधरना' («словосочетание, которое произносится, когда после смерти кого-л. были совершены все подобающие обряды»), также были включены в словарь. С ними даются по возможности подробные объяснения, раскрывающие их связь с культурной традицией или верованием, из которых они произошли.

Многие устойчивые выражения хинди, которые не во всех случаях могут рассматриваться носителями языка как идиомы – например, 'अक़्ल का दुश्मन' («полный дурак»), 'ज़हर की पुड़िया' («очень вспыльчивый, скандальный человек»), 'छिपा रुस्तम' («1. человек, обладающий скрытыми талантами или достоинствами 2. ловкий обманщик»), 'ककड़ी का चोर' («мелкий воришка»), 'रँगा सियार' («лицемер; очень дурной человек, прикидывающийся добрым»), также были включены в словарь, чтобы, столкнувшись с ними, читатель смог понять их значение и использовать правильно.

Перед тем как перевести идиомы на русский язык, мы сначала чётко определяли их значение на хинди. В этой работе, помимо указанных в библиографии словарей и справочников, нам постоянно и значительно помогал г-н Манвендр Сингх Шарма из Дели.

Мы взялись за эту непростую задачу, обладая определённым опытом в области перевода и создания текстов на обоих языках, а также осознавая важность составления хинди-русского словаря идиом. Разумеется, в ходе работы мы могли допустить некоторые ошибки. Мы будем признательны за отзывы и предложения от читателей и критиков, чтобы в следующем издании сделать этот труд ещё более полезным для русскоговорящих специалистов по языку хинди.

Редакционная коллегия

Использованные символы и сокращения

1. /–этот символ используется между словами в идиоме, когда она существует в разных вариантах (पंथ देखना / जोहना / निहारना / सेना), (पानी पीकर जात / जाति पूछना), (अक़्ल का अन्धा / दुश्मन)
2. //–этот символ используется, чтобы отделить смысл идиомы от её дословного значения или русского эквивалента
3. ()–1) внутри идиомы в скобки заключаются факультативные для неё слова जड़ (से) उखाड़ना, नाम (तक) न लेना

   2) в значении идиомы в скобки заключаются слова, уточняющие её смысл либо указывающие на особенности её употребления
4. [ ]–в квадратных скобках даётся краткий культурологический комментарий
5. ;–этот символ используется для отделения друг от друга близких по смыслу значений

Список условных сокращений

1. досл. – дословное значение
2. ср. – сравнение
3. экв. – эквивалент
4. книжн. – книжное
5. ирон. – ироническое

6. прост. – просторечие
7. Вульг. – вульгаризм
8. груб. – грубое
9. напр. – например
10. неодоб. – неодобрительное
11. Историч. – историческое
12. Проч. – прочее
13. л. – суффикс ‘либо’ (например, ‘кто-либо’ даётся как ‘кто-л.’)

अ

अंग-अंग खिलना
расцветать от радости

अंग चुराना
смущаться, стесняться кого-л.

अंग छूकर कहना
1. клятвенно утверждать или опровергать что-л.
2. давать клятву сделать что-л. //ср. зуб давать

अंग-अंग/अंग टूटना
1. сильно болеть (о теле)
2. уставать, слабеть (о ком-л.)

अंग तोड़ना
много и тяжело трудиться

अंग में अंग न समाना
расцветать от радости //ср. быть вне себя от радости

अंग लगना
1. усваиваться организмом (о еде)
2. сдружиться с кем-л., привязаться к кому-л.

अंगड़ाई लेना
проявляться (о подавленных чувствах)

अंगारा बनना/होना
краснеть от гнева, приходить в ярость

अंगारे उगलना
гневно, со злобой поносить, ругать кого-л.

अंगारे फाँकना
сознательно подвергать себя опасности, делать что-л. себе во вред //экв. играть с огнём

अंगारे सिर पर धरना
терпеть сильные мучения

अंगारों पर चलना
сознательно подвергать себя опасности, делать что-л. себе во вред //экв. играть с огнём

अंगारों पर पैर रखना
сознательно подвергать себя опасности //экв. играть с огнём

अंगारों पर लोटना
мучиться от гнева, от зависти, самокопания

अंगारों से खेलना
сознательно подвергать себя опасности //экв. играть с огнём

अँगूठा चूमना
1. льстить, заискивать перед кем-л.
2. демонстрировать покорность кому-л. //экв. целовать руки

अँगूठा चूसना
1. быть незнающим, неопытным в каком-л. деле
2. быть незрелым в поведении

अँगूठा-छाप होना
1. быть безграмотным как в прямом, так и в переносном смысле
2. совершенно не уметь делать какое-л. конкретное дело, не владеть конкретными знаниями или навыками

अँगूठा दिखाना
1. не подчиняться кому-л.
2. отказываться от чего-л.
3. дразнить кого-л., когда тот потерпел неудачу//ср. тыкать пальцем

अँगूठे पर मारना
считать чьё-л. превосходство, величие и т. п. не заслуживающим внимания; презирать

अंगूर खट्टे होना
при неполучении желаемого объекта :
1. убеждать себя в том, что этот объект ничтожен
2. становиться равнодушным к нему //ср. виноград кислый

अंजर-पंजर ढीले होना
чувствовать себя разбитым, испытывать телесную боль (из-за усталости, побоев и т. п.) // ср. не чувствовать рук-ног

अंटी करना
(прост.) втихаря, незаметно украсть, присвоить себе что-л.

अंटी देना/मारना
сбивать с ног или полностью побеждать противника

अंटी मारना
(прост.) 1. делать хитрый, незаметный ход 2. в азартной игре обмануть кого-л., проявив ловкость рук 3. хитростью присвоить себе что-л. чужое

अंडे सेना
бездельничать

अंत पाना
узнать чью-л. тайну, секрет; понять чью-л. сущность

अंत लेना
выведывать чьей-л. секрет, тайну

अंत सुधरना
словосочетание, которое произносится, когда после смерти кого-л. были совершены все подобающие обряды

अँतड़ी जलना
испытывать сильный, невыносимый голод

अँतड़ी टटोलना
пытаться разузнать чьи-л. секреты

अँतड़ियों के बल खोलना
наедаться "от пуза"

अंधा बनना

1. закрывать глаза на что-л. //экв. смотреть сквозь пальцы 2. не сопротивляться несправедливости; не реагировать на несправедливость

अंधा बनाना

оставлять в дураках, обманывать кого-л. // ср. пускать пыль в глаза кому-л.

अंधे की लकड़ी/लाठी

быть единственным сыном; быть единственной опорой для нуждающегося человека

अँधेरी डालना/देना

обманывать, дурачить кого-л.; не давать кому-л. узнать о действительном положении вещей

अँधेरे घर का उजाला

быть единственным сыном; быть надеждой семьи (на продолжение рода или достижение славы)

अँधेरे में तीर चलाना / छोड़ना

делать или говорить что-л. наугад

अँधेरे में रखना

держать кого-л. в неведении, оставлять неосведомлённым

अंबर के तारे डिगना

свершаться (о чём-л., что считается невероятным, невозможным) //ср. достать звёзду с неба

अक़्ल का चिराग़ गुल होना

терять рассудок, лишаться способности понимать, что следует делать в ответственный момент, когда необходимо принять решение

अक़्ल चरने जाना

терять рассудок, лишаться способности понимать, что следует делать в ответственный момент, когда необходимо принять решение

अक़्ल का अंधा/दुश्मन

полный дурак

अक़्ल का पुतला

умный человек, воплощение ума

अक़्ल का पूरा

(ирон.) умник

अक़्ल का मारा

полный дурак

अक़्ल के घोड़े दौड़ाना

(ирон.) строить догадки; фантазировать, строить большие планы

अक़्ल के पीछे लट्ठ लिए फिरना

поступать неразумно, постоянно делать глупости

अक़्ल चरने जाना

терять рассудок, лишаться способности понимать, что следует делать в ответственный момент, когда необходимо принять решение

अक़्ल ठिकाने आना/होना

1. начать соображать, адекватно оценивать положение вещей //ср. включать мозги, прочищать мозги (разг., вульг.) 2. одумываться

अक़्ल ठिकाने लगाना

заставлять кого-л. одуматься или взяться за ум

अक़्ल दौड़ाना/भिड़ाना/लड़ाना

обдумывать, соображать, напрягать свои умственные способности, чтобы решить какую-л. проблему

अक़्ल पर पत्थर/परदा पड़ना

терять рассудок, лишаться способности понимать, что следует делать в ответственный момент, когда необходимо принять решение

अगर-मगर करना

откладывать что-л. напотом, отговариваться, прибегать к уловкам, спорить с кем-л., быть в нерешительности

अगाड़ी-पिछाड़ी लगाना

ограниичивать чью-л. свободу посредством различных запретов

अचरा गहना

1. идти под чью-л. защиту 2. задерживать кого-л., чтобы тот оказал помощь, или чтобы спросить с него за что-то

अचार डालना

зря хранить то, что тебе больше не нужно или не подходит

अड़तल पकड़ना

жить под чьим-л. покровительством

अड़ियल टट्टू

человек, который 1. всё делает медленно, растягивая, с задержками 2. всегда и во всём стоит на своём

अधर में चलना

вести себя высокомерно, надменно

अधर में झूलना/लटकना

находиться в состоянии неопределённости //экв. между небом и землёй; ни туда ни сюда

अनाज का दुश्मन

обжора

अन्न-जल उठना

наступать (о конце пребывания где-л.) [в Индии считается, что человеку в определенном месте пребывания отмерено определенное число зёрен и капель воды, получив их, ему следует покинуть это место. Это выражение часто используется как эвфемизм понятия “смерть”]

अन्न न लगना
не идти впрок (о еде) //экв. не в коня корм

अपना-अपना राग अलापना
утверждать, твердить только своё, не обращая внимания на слова других //экв. дуть в свою дуду

अपना उल्लू सीधा करना
(неодоб.) извлекать свою выгоду

अपना-सा मुँह लेकर रह जाना
отчаяться, опустить руки // экв. остаться с носом

अपना सिक्का जमाना
ставить себя; утверждать свой авторитет

अपना/अपने हाथ कटा लेना
лишить себя возможности действовать //экв. связать себя по рукам и ногам

अपनी खचाना
твердить своё, не обращая внимания на аргументы других, приводя свои несуразные аргументы

अपनी खाल में मस्त होना/रहना
довольствоваться тем, что есть, вести жизнь безмятежно

अपनी नींद सोना अपनी नींद जागना
жить по своему усмотрению, быть беззаботным, независимым

अपनी-अपनी पड़ना
заботиться только о себе; блюсти собственную выгоду, действовать исключительно в собственных интересах

अपनी बात पर आना
упорствовать, стоять на своём; следовать своему слову, выполнять своё обещание и т. п

अपने ऊपर लेना
брать на себя ответственность, вину

अपने गिरेबान में झाँकना
принимать во внимание своё положение, способности или недостатки и т. п.; правильно оценивать своё положение

अपने पर आना
вести себя дурно, демонстрировать свой дурной характер

अपने पैरों पर खड़ा होना
быть самостоятельным // экв. твёрдо стоять на ногах

अपने पैरों पर कुल्हाड़ी मारना
сознательно или неосознанно нанести себе вред или ущерб, попасть в беду //ср. отрубить себе палец

अपने मुँह मियाँ मिट्ठू बनना
хвалить самого себя

अपने सिर लेना
брать на себя ответственность, вину

अब-तब करना
отговариваться от чего-л., откладывать что-л. под разными предлогами //ср. кормить завтраками

अब-तब लगना/होना
быть при смерти

अबे-तबे करना
оскорблять кого-л., неуважительно обращаться к кому-л.

आ

आँख उठाकर न देखना
игнорировать, быть равнодушным к какому-л. соблазну; считать кого-л. незаслуживающим внимания, презирать //ср. не удостоить и взгляда

आँख उठाना
1. глазами покзывать своё несогласие
2. смотреть на кого-л. недобрым взглядом //ср. смотреть прямо в глаза

आँख उलझना
влюбляться в кого-л., встречаться с кем-л. взглядом

आँख/आँखें उलटना
стекленеть (о взгляде умирающего); умирать

आँख ऊँची/ऊपर न करना
от стыда, сожаления или неуверенности в себе избегать встречи лицом к лицу с кем-л. //экв. не сметь смотреть в глаза

आँख/आँखों का काँटा बनना
быть неприятным, колоть глаза //ср. быть как бельмо на глазу

आँख/आँखों का काजल चुराना
хитро и ловко и в то же время скрытно обделать свои дела, чтобы никто ничего не узнал, не догадался; ловко обокрасть кого-л.

आँख का तेल निकालना
переутомлять глаза, зрение

आँख का परदा उठना/हटना
узнав истину, осознать суть чего-л., прозреть; избавиться от заблуждений, иллюзий //экв. пелена с глаз спала

आँख का पानी ढलना
вести себя совершенно бессовестно, терять стыд //ср. плюй в глаза–божья роса

आँख की पुतली फिरना
стекленеть (о взгляде умирающего); умирать

आँख गड़ना
досл. положить глаз на что-л. или на кого-л.// жаждать, иметь сильное желание заполучить что-л.

आँख/आँखें चुराना
избегать кого-л., стараться не появляться перед кем-л. из-за стыда, смущения или страха

आँख/आँखें छत से लगना
1. не спать всю ночь из-за тревоги или ожидая кого-л. 2. быть при смерти

आँख/आँखों तले न लाना
не считать кого-л. заслуживающим внимания, ни во что не ставить кого-л.; не считаться с кем-л.

आँख नीली-पीली करना
выражать гнев; угрожать кому-л. //экв. сверкать глазами от гнева

आँख फूटना
не знать очевидных для всех вещей

आँख फोड़ना
1. долго ожидать, высматривать кого-л. // экв. проглядеть все глаза 2. тратить много времени на работу, требующую напряжения глаз

आँख/आँखें बंद करके करना
1. поступать безрассудно, необдуманно 2. продолжать свою работу, не поддаваясь влиянию ситуации 3. обладая опытом или умением, делать что-л. с лёгкостью

आँख/आँखे बंद होना
умирать

आँख बचाना
избегать кого-л., стараться не появляться перед кем-л. от стыда, смущения или страха

आँख/आँखें बराबर करना
уверенно смотреть кому-л. в глаза, уверенно общаться

आँख भर (कर) देखना
любоваться кем-л. //ср. глядеть не наглядеться

आँख/आँखें मूँदकर करना
1. поступать безрассудно, необдуманно 2. продолжать свою работу, не поддаваясь влиянию ситуации 3. обладая опытом или умением, делать что-л. с лёгкостью

आँख मारना/मिचकाना
подавать знаки глазами

आँख/आँखें मिलाना
уверенно смотреть кому-л. в глаза, уверенно общаться

आँख/आँखों में खटकना/गड़ना

быть неприятным кому-л., колоть глаза //ср. быть как бельмо на глазу

आँख/आँखों में चरबी छाना

досл. заплывать жиром (о глазах)// смотреть на других надменно

आँख लगना

1. вздремнуть 2. не отрываться, приклеиться (о взгляде) к чему-л. 3. влюбляться, встречаться (о влюблённых взглядах) //ср. глаз положить

आँख/आँखें लड़ना

влюбляться, встречаться (о влюблённых взглядах)

आँख/आँखें लड़ाना

бросать друг на друга влюблённые взгляды

आँख लाल-पीली करना

выражать гнев; угрожать кому-л. //экв. сверкать глазами от гнева

आँख होना

иметь способность распознать или понять что-л; иметь опыт, быть знатоком в каком-л. деле // ср. намётанный, опытный глаз

आँखें खुलना

узнав истину, осознать суть чего-л., прозреть; избавиться от заблуждений, иллюзий //ср. пелена с глаз спала

आँखें खोलना

показав истину, избавить кого-л. от заблуждений // ср. открыть кому-л. глаза

आँखें खुली की खुली रह जाना

сильно удивиться, изумиться, поразиться чему-л., случивщемуся неожиданно //ср. глаза на лоб полезли

आँखें गुद्दी में होना

досл. иметь глаза на затылке// быть крайне рассеянным, быть глупым

आँखें चमकाना

кокетничать, строить глазки

आँखें टँगना/टँगी रहना

досл. глаза висят// устремлять взгляд куда-л., пристально всматриваться, ища помощи, поддержки или ожидая кого-л.

आँखें टेढ़ी करना

переменить отношение к кому-л. с доброжелательного на недоброжелательное или равнодушное; выражать гнев в отношении кого-л.

आँखें ठंडी होना

испытать большую радость или душевное удовлетворение, увидев кого-л. после долгого ожидания

आँखें दिखाना
выражать гнев; угрожать кому-л.

आँखें पलटना
переменить отношение к кому-л. с доброжелательного на недоброжелательное или равнодушное

आँखें फटी की फटी रह जाना
сильно удивиться, изумиться, поразиться чему-л., случивщемуся неожиданно //ср. глаза на лоб полезли

आँखें फाड़-फाड़कर देखना
смотреть на кого-л., что-л. широко раскрытыми глазами с очарованностью, любопытством или удивлением //ср. смотреть во все глаза

आँखें फेरना
переменить отношение к кому-л. с доброжелательного на недоброжелательное или равнодушное

आँखें बंद करना
1. закрывать глаза на что-л., игнорировать, презирать что-л. или кого-л. 2. умереть

आँखें बिछाना
досл. стелить глаза// с нетерпением и любовью ожидать и радушно принимать дорогого гостя

आँखें मटकाना
кокетничать, строить глазки

आँखें मूँदना
1. закрывать глаза на что-л., игнорировать кого-л. или что-л. 2. умереть

आँखें सेंकना
наслаждаться красотой кого-л. или чего-л.

आँखों का पानी ढल जाना
выйти за рамки приличия, стать совершенно бессовестным, потерять стыд

आँखों के आगे अँधेरा छाना
досл. темнеть перед глазами// не видеть ничего какое-то время из-за слабости, болезни и т. д.; терять сознание

आँखों के आगे/सामने नाचना
оставаться в памяти (о воспоминаниях о ком-л., о чём-л.)

आँखों पर ठीकरे रखना
поступать некрасиво, игнорируя общие понятия о приличиях и морали, притворяться незнающим, вести себя бессовестно

आँखों पर पट्टी बँधी होना
заблуждаться и не понимать своих интересов и выгод, из-за сильных чувств не видеть истинного положения вещей

आँखों पर पट्टी बाँध लेना

намеренно игнорировать что-л, не обращать на это внимания //экв. закрывать на что-л. глаза

आँखों पर बिठाना/बैठाना/रखना
проявлять глубокое уважение к кому-л.

आँखों में ख़ून उतरना
сильно сердиться и негодовать //экв. кровь из глаз

आँखों में घर करना
досл. поселиться в глазах// быть очень дорогим сердцу

आँखों में चढ़ना
нравиться, быть по душе

आँखों/आँख में चरबी छाना
досл. заплывать жиром (о глазах)// смотреть на других надменно

आँखों में टेसू/तीसी फूलना
досл. в глазах всегда цветы цветут// быть самодовольным и равнодушным к несчастьям других из-за собственной хорошей и благополучной жизни

आँखों में तितलियाँ उड़ना
сыпаться из глаз (об искрах от удара); становиться слабым от усталости или болезни

आँखों में तीसी/टेसू फूलना
быть самодовольным и равнодушным к несчастьям других из-за собственной хорошей и благополучной жизни

आँखों में धूल झोंकना
крупно обманывать или вводить кого-л. в заблуждение ради собственной корысти //ср. пускать пыль в глаза

आँखों में नाचना/फिरना
оставаться в памяти (о воспоминаниях о ком-л., о чём-л.)

आँखों में बसना/समाना
досл. поселиться в глазах// быть очень дорогим сердцу

आँखों में रात काटना
проходить без сна (о ночи); провести ночь, не сомкнув глаз

आँखों में सरसों फूलना
досл. в глазах всегда цветы цветут// быть самодовольным и равнодушным к несчастьям других из-за собственной хорошей и благополучной жизни

आँखों से अंगारे बरसना
сильно сердиться //экв. искры из глаз

आँखों से चिनगारियाँ छूटना/निकलना
сильно сердиться //экв. искры из глаз

आँगन में कौवा बोलना
досл. ворона каркает на дворе [в Индии это считается приметой того, что будут получены известия, придёт гость]

आँच आना
1. претерпевать ущерб
2. попадать в беду, несчастье

आँच न आने देना
всячески оберегать кого-л. от невзгод

आँचल पसारना/फैलाना
1. молить кого-л. о помощи
2. жалобно выпрашивать что-л. у бога или кого-то могущественного, клянчить

आँचल से बाँधना
привязать кого-л. к себе, держать кого-л. при себе; держать кого-л. под своим контролем //ср. привязать кого-л. себе к юбке

आँतें कुलकुलाना/कुलबुलाना
чувствовать сильный голод, мучиться от сильного голода

आँतें गले/मुँह में आना
быть в трудном положении, пребывать в большом беспокойстве

आँतें समेटना
сносить голод, поститься

आँतें सूखना
досл. кишки иссохли// страдать от долгого голодания

आँतों का बल खुलना
досл. выпрямлять кишки// наедаться "от пуза"

आँधी उठाना
досл. поднимать бурю// 1. делать что-л. или устраивать какое-л. мероприятие с большой помпой 2. создавать суматоху; поднимать скандал

आँवाँ/आवाँ/आवा (का आँवाँ) बिगड़ना
портиться или стать испорченным (о целой группе, коллективе)

आँसुओं से मुँह धोना
долго и горько плакать от горя //ср. выплакать все глаза

आँसू पीकर रह जाना
досл. испить слёзы// молча, не проронив ни слезинки, перетерпеть горе, мучения; находясь в беспомощном состоянии, не иметь возможности выразить гнев

आँसू पोंछना
утешать, успокаивать кого-л.; своим поступком облегчить чьё-л. горе

आईना दिखाना
показывать кому-л. его реальное положение или адекватно оценивать его способности

आईना देखना
осозновать своё реальное положение, реально оценивать свои способности

आईने में मुँह देखना

1. понимать своё реальное положение
2. реально оценивать свои способности

आईना होना
быть совершенно ясным, понятным

आकाश के तारे तोड़ना
1. совершать невозможное 2. выполнять трудновыполнимую, тяжёлую задачу //экв. достать звёзду с небес

आकाश चूमना/छूना
1. быть очень высоким
2. достичь больших успехов в чём-л. 3. достичь высочайшего положения

आकाश-पाताल एक करना
прилагать максимальные усилия, чтобы выполнить какую-л. работу

आकाश-पाताल का अंतर होना
иметься (о большой разнице между двумя вещами) //экв. небо и земля

आकाश बाँधना
1. говорить о чём-л. невозможном и невероятном 2. делать нечто невозможное; прилагать все усилия, чтобы достичь какой-л. цели

आक़िबत में दीया दिखाना
совершать деяния, которые помогут на том свете

आग उगलना
в приступе ярости говорить с горечью и гневом

आग उठाना
вносить раздор, сумятицу, поступать так, чтобы началась ссора, конфликт

आग का पुतला
вспыльчивый человек

आग की तरह फैलना
распространяться молниеносно, как лесной пожар

आग को हवा देना
подстрекать развитие конфликтной ситуации; способствовать сильному ухудшению опасного положения //экв. раздувать пламя

आग खाना
рискованным или необдуманным поступком наносить вред самому себе

आग खाना अंगार हगना
1. подстрекать развитие конфликтной ситуации; способствовать сильному ухудшению опасного положения 2. рискованным или необдуманным поступком наносить вред самому себе 3. получать заслуженный результат собственных поступков //

экв. что посеешь, то и пожнёшь

आग खाना अंगारे उगलना

1. подстрекать развитие конфликтной ситуации; способствовать сильному ухудшению опасного положения 2. рискованным или необдуманным поступком наносить вред самому себе

आग तलवे से लगना

сильно сердиться, выходить из себя

आग पर आग डालना

ухудшить положение человека, уже находящегося в беде

आग पर तेल छिड़कना

раздувать ссору, вражду //экв. подливать масло в огонь

आग पर/में पानी डालना

тушить огонь ссоры; примирять, успокаивать враждующие стороны

आग पर लोटना

досл. ложиться на ложе из огня// чересчур сильно переживать из-за разлуки, зависти, горя, гнева, страстного желания

आग-पानी का बैर होना

враждовать из-за различий в характерах //ср. лёд и пламень

आग-पानी से गुज़रना

пройти через испытания, претерпеть различные страдания

आग फाँकना

досл. глотать огонь// наносить себе вред, подвергать себя опасности

आग फूँकना

подстрекать развитие конфликтной ситуации; способствовать сильному ухудшению опасного положения

आग-फूस का बैर होना

враждовать из-за различий в характерах // ср. лёд и пламень

आग-फूस की दोस्ती (होना)

досл. дружба между огнём и соломой// вести противоестественную дружбу, вследствие которой одна из сторон точно пострадает

आग बबूला/भभूका होना

быть вне себя от гнева, вспыхивать от гнева

आग बरसाना

браниться, гневно поносить кого-л.

आग बुझा लेना

отомстить кому-л. за нанесённое оскорбление или причинённое зло и этим успокоить своё сердце

आग बोना

1. сеять вражду

2. клеветать, злословить 3. совершать поступки, которые впоследствии принесут сильное горе, мучения, ущерб

आग भभूका/बबूला होना
быть вне себя от гнева, вспыхивать от гнева

आग में उतरना
разжигать какую-л. ссору, присоединяться к чьей-л. горячей ссоре

आग में कूदना
досл. бросаться в огонь// сознательно подвергать себя риску

आग में झोंकना
досл. сталкивать в огонь// подвергать кого-л. риску, толкать кого-л. в огонь, пропасть

आग में पाँव डालना
сознательно подвергать себя риску

आग में बाग़ लगाना
очень вкусно готовить

आग में मूतना
(разг., прост.) 1. устраивать беспорядок, бучу, волнение 2. из-за собственной гордыни совершать предосудительные поступки, несущие только вред, зло

आग लगना
1. непомерно дорожать (о товарах) 2. вспыхивать от гнева, зависти 3. разрушаться

आग लगाना
1. создавать условия, способствующие разрушению, раздувать ссору; сеять вражду, возбуждать гнев, поднимать скандал 2. сильно проклинать, презирать кого-л.

आग लगाकर तमाशा देखना
посеять ссору и радостно наблюдать за ней

आग लगाकर पानी को दौड़ना
досл. разжечь огонь и бежать за водой// сначала разжечь ссору, а затем стараться примирить враждующих, чтобы выставить себя в хорошем свете

आग लगाकर मन्दिर में सोना
посеять ссору, вражду и отойти в сторону, как будто ни при чём

आग लगे पर कुआँ खोदना
стараться найти решение, когда беда уже нагрянула

आग लेने आना
заходить на секунду, спеша уходить [В старые времена, когда спички не были обычной вещью в хозяйстве, хозяйки старались, чтобы в очаге всегда был огонь, и если

он у кого-то потухал, то можно было зайти к соседу попоросить огонёк. Естественно, с этой целью человек заходил на секунду.]

आग से खेलना

рисковать, вести опасную игру (особенно часто используется в отношении сильных мира сего) //экв. играть с огнём

आग से पानी होना

успокаиваться после приступа гнева

आग होना

сильно сердиться, сгорать от гнева

आगा-तागा लेना

оказывать гостеприимство, душевно принимать гостя

आगा-पीछा करना

проявлять нерешительность; увиливать, уклоняться, отговариваться от чего-л.

आगा मारना

препятствовать чьему-л. продвижению, прогрессу

आगी-पानी होना

1. человек с неустойчивым характером, мгновенно впадающий в ярость и мгновенно успокаивающийся 2. вечно спешащий человек 3. скандалист

आगे का पैर पीछे पड़ना

досл. выдвигаешь ногу вперёд, а она идёт назад// обходить стороной (о везении), терпеть неудачу //ср. всё наперекосяк

आगे-पीछे फिरना

1. увиваться вокруг кого-л.
2. подлизываться к кому-л.

आज-कल करना

увиливать от какого-л. дела, откладывать на потом //ср. кормить завтраками

आज-कल लगना

быть при смерти

आटा-माटी होना

способствовать собственной гибели, разориться

आटे के साथ घुन पिसना

досл. вместе с зерном быть перемолотым и долгоносику// страдать по чужой вине [используется, когда вместе с сильным, виноватым страдает слабый, невиновный] //ср. без вины виноватый

आटे-दाल का भाव मालूम होना

познать заботу о хлебе насущном; познать реальные тяготы жизни // экв. узнать, почём фунт лиха

आठ-आठ आँसू रोना

долго и горько плакать от

переживаемого горя //экв. лить слёзы в три ручья

आठों गाँठ कुम्मैत

1. плут 2. очень ловкий и сметливый человек

आड़ा-तिरछा/आड़े-तिरछे होना

сердиться, проявлять недовольство

आड़े आना

1. препятствовать чему-л. 2. помогать в беде, оказывать помощь в трудной ситуации

आड़े हाथों लेना

пристыдить кого-л., указав на его недостатки, и заставить тем самым замолчать

आधा तीतर आधा बटेर

досл. ни куропатка, ни перепел// быть неадекватным, нелепым // ср. ни то ни сё; ни два ни полтора

आन फेरना

делать так, чтобы везде трубили о твоём превосходстве, власти или достижениях

आपा खोना

1. терять спесь 2. терять контроль над собой; быть вне себя от гнева

आपे से बाहर होना

терять контроль над собой; быть вне себя от гнева

आबदाना/आबोदाना उठना

наступать (о конце пребывания где-л.) [в Индии считается, что человеку в определённом месте пребывания отмерено определённое число зёрен и капель воды; получив их, ему следует покнуть это место. Это выражение часто используется как эвфимизм понятия "смерть"]

आवाज़ उठाना

поднимать голос в протесте; начать протестное движение

आवाज़ कसना

высмеивать кого-л., насмехаться над кем-л., делать грубые замечания

आसन डिगना/डोलना

1. терять сосредоточение из-за того, что возникло какое-то препятствие или что-то отвлекло внимание 2. возникать (об опасности для чьей-л. власти)

आसन तले आना

быть под чьей-л. властью

आसमान के तारे तोड़ना

совершать невозможное, выполнять трудновыполнимую задачу //экв. достать звёзду с небес

आसमान झाँकना/ताकना

1. возгордиться, зазнаться, быть слишком высокого мнения о себе 2. не считаясь с реальностью, думать о несбыточном

आसमान टूटना
неожиданно случиться, нагрянуть (о большой беде) //ср. разверзлись небеса

आसमान दिखाना
полностью побеждать противника

आसमान पर उड़ना
1. возгордиться, зазнаться, вести себя надменно 2. стремиться делать что-л., что выше твоих сил, строить несбыточные планы //ср. витать в облаках

आसमान पर चढ़ना
возгордиться

आसमान पर चढ़ाना
уважать, расхваливать или поощрять кого-л. больше, чем тот заслуживает

आसमान पर थूकना
досл. плевать в небо// позорить себя, пытаясь поносить уважаемого человека

आसमान पर दिया जलाना
1. завоевать славу своей храбростью 2. кичиться своими достижениями, нескромно выставлять их

आसमान फटना
неожиданно случиться, нагрянуть (о большой беде) //ср. разверзлись небеса

आसमान में थिगली/थूनी लगाना
совершать невозможное, выполнять трудновыполнимую задачу //экв. хватать звёзды с небес

आसमान सिर पर उठाना
поднимать шум, бунт, скандал

आसमान से अंगारे बरसना
досл. огонь с небес льётся дождём// быть невыносимо жаркой (о погоде)

आसमान से गिरना/टपकना
1. получить что-л. без труда 2. внезапно, неожиданно появиться в каком-л. месте //экв. свалиться с неба

आसमान से बातें करना
1. быть очень высоким
2. достигать больших высот в свершениях

आस्तीन चढ़ाना
1. приготовиться к бою
2. приготовиться сделать что-л., предпринять какой-л. шаг //экв. засучить рукава

आस्तीन में साँप पालना
дать пристанище человеку, испытывающему к тебе враждебные, мстительные

чувства //экв. пригреть змею на груди

आह पड़ना/लगना

пожинать плоды проклятия, заслуженного дурными поступками, особенно в отношении бедных, несчастных

आह भरकर रह जाना

сдерживать свои чувства, когда не удалось достичь желаемого

आह लेना

навлекать на себя проклятие недостойными поступками

इ

इज़्ज़त उतारना

досл. раздеть кого-л. на людях// оскорблять, унижать, позорить кого-л.; портить чью-л. репутацию

इज़्ज़त ख़ाक में मिलाना

досл. превратить в пыль чью-л. репутацию// унижать, позорить кого-л.; портить чью-л. репутацию

इज़्ज़त डुबोना

досл. утопить чьё-л. доброе имя// унижать, позорить кого-л.; портить чью-л. репутацию

इज़्ज़त दो कौड़ी की करना

досл. обесценить чьё-л. доброе имя// унижать, позорить кого-л.; портить чью-л. репутацию

इज़्ज़त पर पानी फेरना

унижать, позорить кого-л.; портить чью-л. репутацию

इज़्ज़त मिटटी करना

досл. втоптать в грязь чьё-л. доброе имя// унижать, позорить кого-л.; портить чью-л. репутацию

इज़्ज़त में बट्टा लगाना

досл. запятнать чьё-л. доброе имя// унижать, позорить кого-л.; портить чью-л. репутацию

इज़्ज़त पर हाथ डालना

стремиться опозорить кого-л.; покушаться на чью-л. честь, репутацию; замарать чью-л. честь

इज़्ज़त रखना

своими действиями сберечь чьё-л. доброе имя

इज़्ज़त लूटना/लेना

обесчестить женщину

इज़्ज़त से खेलना/खिलवाड़ करना

досл. играть, забавляться с чьей-л. честью,

репутацией// унижать, позорить кого-л.; портить чью-л. репутацию

इधर-उधर की बातें करना
1. распространять слухи, сплетни 2. вести пустой разговор, разговор о том о сём

इधर-उधर होना
куда-то исчезнуть, подеваться

इधर की उधर करना/लगाना
распускать слухи, сплетни; сеять вражду

इधर की दुनिया उधर करना
досл. выворачивать мир наизнанку// стараться изо всех сил, чтобы получить что-л.

इशारे/इशारों पर नाचना
быть марионеткой в чьих-л. руках //ср. плясать под чью-то дудку

इस कान सुनना उस कान उड़ा देना
не обращать ни малейшего внимания на то, что слышишь //экв. в одно ухо влетело, в другое вылетело

इस हाथ देना उस हाथ लेना
досл. давать одной рукой, получать другой рукой// честно и своевременно вести финансовые дела

ई

ईंट का जवाब पत्थर से देना
отвечать ударом на удар, сильно сопротивляться // ср. нашла коса на камень

ईंट से ईंट बजना
1. разрушаться (о каком-л. сооружении) 2. происходить (об ожесточённой борьбе)

ईंट से ईंट बजाना
разрушать что-л. до основания

ईद का चाँद होना
редко появляться; быть редким гостем

ईमान देना
1. обманывать 2. поступиться собственной честью 3. предать свою веру

ईमान बेचना
предавать, продавать свою честь; вести себя бесчестно

ईमान में फ़र्क़ आना
иметь пятно на совести; вести себя бесчестно

उ

उँगलियों पर नचाना
заставлять кого-л. плясать под свою дудку

उँगली उठाना
досл. показывать пальцем// подвергать сомнению чью-л. честность, порядочность, способности //ср. тыкать в кого-л. пальцем

उँगली करना
мешать кому-л., беспокоить, досаждать

उँगली पकड़ते पहुँचा पकड़ना
1. пытаться нажиться на чьей-л. доброте 2. получив разрешение на малое, стремиться отхватить всё больше и больше //экв. дай палец - руку откусит

उँगली रखना
указывать на недостатки // экв. тыкать носом

उखड़ी-उखड़ी बातें करना
1. разговаривать равнодушно, сухо, или сердито 2. разговаривать раздраженно и необдуманно 3. разговаривать не по делу

उघड़कर नाचना
досл. плясать голышом// выходить за пределы дозволенного, вести себя бесстыдно и предосудительно

उड़ती चिड़िया के पंख गिनना
1. быть очень проворным 2. быть очень сообразительным –с первого взгляда распознавать сущность кого-л.

उड़ती चिड़िया पहचानना
с первого взгляда распознавать сущность кого-л., моментально разгадывать какой-л. секрет

उड़द पर सफेदी होना
досл. белое пятнышко на чёрном зерне маша// иметь совершенно незначительное положительное качество, не меняющее общую картину //ср. ложка мёда в бочке дёгтя

उधार खाए बैठना
1. ожидать подходящего момента, чтобы осуществить задуманное 2. быть настойчивым в выполнении какого-л. дела

उन्नीस पड़ना/होना
быть чуть хуже других

उन्नीस-बीस होना
1. быть незначительным (о разнице между двумя вещами) 2. случаться (о каком-л. несчастье или нежеланном событии)

उबल पड़ना
рассердиться, выйти из себя, прийти в ярость //экв. вскипать

उलटी गंगा बहाना
поступать вопреки традициям, общепринятым правилам, нормам, укладу

उलटी चाल चलना
поступать вопреки общепринятым нормам

उलटी पट्टी पढ़ाना
1. намеренно учить кого-л. плохому 2. вводить кого-л. в заблуждение

उलटी माला फेरना
желать кому-л. недоброго

उलटी साँस चलना
быть при смерти //экв. дышать на ладан

उलटी-सीधी जड़ना
наводить напраслину, высказывать ложные обвинения

उलटी-सीधी झोंकना/हाँकना
нести чушь, околесицу

उलटी-सीधी सुनाना
быть в ярости и говорить необдуманно; ругать кого-л.

उलटी हवा चलना/बहना
поступать вопреки общепринятым нормам // экв. идти навстречу ветру, плыть против течения

उलटे छुरे से मूँड़ना
жестоко обманывать кого-л. //экв. оставлять в дураках

उलटे पाँव/पैर फिरना/लौटना
уходить сразу же, не задерживаясь там, куда пришёл; прийдя куда-то, тут же собираться обратно

उलटे मुँह गिरना
1. провалиться полностью (о каком-л. запланированном деле)
2. навредить самому себе, стараясь навредить другому

उल्लू बनाना
оставить кого-л. в дураках

उल्लू बोलना
опустеть (о доме, о местности)

ऊ

ऊँचे-नीचे पैर पड़ना
оступиться, вступить на дурной путь, совершить моральное падение, вести себя безнравственно

ऊँट के गले में बिल्ली बाँधना
досл. привязывать кошку к шее верблюда//

1. объединять нечто совершенно неподходящее //ср. как корове седло 2. при совершении какого-л. большого дела, разрешить заодно и какую-то неважную проблему

ऊँट के मुँह में जीरा
нечто ничтожно малое по сравнению с тем, что нужно //ср. как слону дробина

ए-ऐ

एक आँख न भाना
совершенно не нравиться кому-л.

एक आँख से (सबको) देखना
одинаково относиться ко всем, быть беспристрастным

एक आँवें/आवें के बर्तन होना
досл. посуда из одной печи //быть членами одной семьи, похожими людьми // ср. одного поля ягоды

एक की चार/दस-दस लगाना
сильно преувеличивать (о сплетнях, жалобах); своими разговорами провоцировать, подстрекать кого-л.

एक-एक के दस-दस करना
получать высокую прибыль

एक और एक ग्यारह होना
досл. один и один равняется одиннадцать// прикладывая совместные усилия значительно улучшать результат //ср. одна голова хорошо, а две лучше

एक कहना न दस सुनना
1. вести себя в рамках социальных приличий 2. намеренно воздерживаться от сквернословия, поношений в чей-л. адрес, не желая слушать ответную брань

एक टाँग पर खड़ा रहना
быть всегда готовым к выполнению какого-л. задания

एक टाँग रिकाब में होना
быть всегда готовым к путешествию //ср. быть лёгким на подъём

एक तीर से दो शिकार करना
выполнив какую-л. работу получить двойную выгоду //экв. одним выстрелом убить двух зайцев

एक थैली के चट्टे-बट्टे होना

досл. игральные деревянные шарики из одного мешочка// обладать общим недостатком, быть людьми одного круга; быть схожими по характеру //ср. одного поля ягоды

एक न चलना
не срабатывать (о какой-л. уловке, плане или аргументе)

एक पंथ दो काज
вместе с основным попутно сделать ещё какое-л. дело; одним действием достичь двух целей //экв. одним выстрелом убить двух зайцев

एक पाँव पर/से खड़ा रहना
быть готовым выполнить любое распоряжение

एक ही लाठी से सबको हाँकना
подходить с одним мерилом ко всем без разбору //экв. одним аршином всех мерять

एक ही नाव में सवार होना
находиться в схожих обстоятельствах //экв. быть в одной лодке

एड़ियाँ घिसना/रगड़ना
хлопотать, бегать по делам; мучиться из-за долгой болезни; много трудиться

एड़ी चाटना
подлизываться к кому-л., льстить

एड़ी-चोटी का ज़ोर लगाना
стараться изо всех сил, приложить все возможные усилия для достижения цели

ऐसी की तैसी करना
полностью испортить (вещь, дело, отношения); доканать кого-л.

ओ

ओंठ काटना/चबाना
1. сильно сердиться, негодовать 2. быть вынужденным подавлять свой гнев, не имея возможности выразить его по морально-этическим соображениям или по какой-л. другой причине

ओंठ चाटना
1. жаждать съесть что-л. //ср. слюнки текут 2. выражать свою удовлетворённость от вкусной еды

ओंठ सी लेना
решить не высказывать своё мнение о чём-л.

ओखली में सिर देना
подвергать себя риску, осознавая возможные последствия //экв. лезть на рожон

ओढ़ना उतारना
испортить чьё-л. доброе имя

ओढ़ना ओढ़ाना
досл. накрывать шалью// выдавать вдову замуж [в Индии повторное замужество вдовы было крайне редким явлением, во время второго свадебного обряда её накрывали шалью]

ओढ़नी डालना
досл. накрывать шалью// выдавать вдову замуж [в Индии повторное замужество вдовы было крайне редким явлением, во время второго свадебного обряда её накрывали шалью]

ओढ़नी बदलना
досл. обменяться шалями// [в Индии было принято, что женщины в знак близкой дружбы обменивались шалями] // стать ближайшими подругами

ओर निभाना
выполнять свой долг до конца, держаться вместе до конца

ओस पड़ना
потерять энтузиазм, запал; потускнеть, помрачнеть, стать равнодушным, не испытывать эмоций

औ

औने-पौने करना
продавать что-л. дешево, по той цене, которую дают

और का और होना
происходить, случаться (о чём-л. неожиданном, противопложном ожидаемому)

क

कंधा डालना
уставать, отказываться продолжать трудное дело; падать духом //экв. опускать руки

कंधा देना
1. оказывать кому-л. поддержку, подставлять плечо 2. провожать в последний путь, нести на плече похоронные носилки

कंधे से कंधा छिलना
тесниться, толпиться (употребляется, когда речь идет о такой тесноте, что люди трутся друг о друга плечами)

कंधे से कंधा मिलाना
действовать совместно, плечом к плечу

ककड़ी का चोर
мелкий воришка

ककड़ी के चोर को कटारी से मारना
несоразмерно сильно наказывать за мелкий проступок

ककड़ी-खीरा समझना
считать кого-л. ничтожеством, никчёмным, ни на что не способным; ни во что не ставить кого-л.

कचालू करना/बनाना
задавать кому-л. хорошую трёпку, сильно избить кого-л.

कचूमर निकलना
1. нести большие расходы, разоряться 2. уставать от тяжёлого труда

कचूमर निकालना
избивать кого-л. до полусмерти

कच्चा करना
1. доказывать неправильность, ложность, фальшивость чего-л., кого-л. 2. смущать кого-л., вызывать сомнение, неуверенность 3. гасить чей-л. энтузиазм, восторг

कच्चा चिट्ठा खोलना
раскрывать чью-л. подноготную //ср. выводить на чистую воду

कच्चा जी/दिल होना
быть малодушным //экв. мелкая душонка

कच्चा मन होना
1. быть неопытным
2. вести себя инфантильно

कच्चा पड़ना
1. оказываться неверным, ложным, неправым
2. не оправдать ожидания 3. оказываться в растерянности, затруднении

कच्ची गोटी खेलना
поступать неуклюже, сделать что-то неразумное

कच्ची-पक्की सुनाना
не выбирая выражений, сильно ругать кого-л., выговаривать //экв. ругать почём зря

कच्चे घड़े पानी भरना
досл. набирать воду в необожённый горшок// заниматься неразумным, напрасным трудом //экв. носить воду в решете

कड़वा/कड़ुआ करना
нести дополнительные, нежелательные траты

कड़वा करेला
человек с дурными помыслами

कड़वा घूँट पीना
безропотно сносить унижение //ср. проглотить обиду

कड़वा होना
разочаровываться в ком-л., обижаться на кого-л.

कढ़ी का-सा उबाल
быстро убывающий прилив энергии, вспышка гнева

कढ़ी में कंकड़ी/कोयला
изъян в хорошей вещи

कतरनी-सी ज़बान चलना
быстро, много и необдуманно говорить // экв. молоть языком

क़दम उखड़ना
1. выходить из соревнования, конкурса или борьбы, когда не осталось больше сил или отваги 2. терять высокое положение в обществе, высокую должность 3. менять свое мнение в процессе спора

क़दम चूमना
проявлять глубокое уважение к кому-л.

कनाई काटना
хитрить, прибегать к уловкам

कन्ना ढीला होना
1. терять решимость 2. уставать 3. терять энтузиазм 4. утратить надменность

कन्नी काटना
избегать кого-л.

कन्नी दबाना
подчинять кого-л.

कपड़े उतारना
1. лишить кого-л. всего, что у него есть, не оставив ничего 2. опозорить кого-л.

कफ़न को कौड़ी न होना
быть очень бедным // экв. не иметь и ломаного гроша; ни гроша за душой

कफ़न फाड़कर चिल्लाना
внезапно громко закричать

कबाब करना
досл. превращать в кебаб// мучить, изводить кого-л., возбуждая в нём зависть, ненависть //экв. мариновать кого-л.

कबाब होना
досл. превращаться в кебаб// испытывать сильное раздражение; сгореть от сильного гнева, ревности и т. д.

कबाब में हड्डी होना
досл. быть косточкой в кебабе// быть помехой на пути к чьему-л. счастью и покою; присутствие нежелательного человека в каком-л. месте или на собрании, встрече //экв. быть кому-то как кость в горле

क़ब्र का मुँह झाँक आना
едва не умереть; взглянуть в глаза смерти

क़ब्र में पाँव लटकना
быть при смерти; быть очень пожилым, дряхлым

कमची तानना
пугать кого-л; демонстративно, только для виду угрожать кому-л.

कमर कसना/बाँधना
1. собраться, быть готовым совершить какое-л. дело 2. принять твёрдое решение заняться чем-л. //ср. подпоясаться

कमर खोलना
1. устав, давать себе передышку 2. отчаявшись, оставлять намерение делать что-л. //экв. опускать руки

कमर टूटना
1. терять надежду, отчаиваться 2. терять опору в жизни

कमर तोड़ना
причинять кому-л. большой вред или ущерб, или нанести удар, который его сломит

कमर सीधी करना
после долгой работы прилечь, дать себе передышку

कमान चढ़ना
досл. подниматься (о бровях)// 1. сердиться, хмуриться 2. чувствовать своё превосходство в какой-л. ситуации

क़यामत ढाना
создавать переполох, беспорядок, большую проблему

क़यामत बरपा करना
создавать переполох, беспорядок, большую проблему

करम फूटना
отвернуться от кого-л. (о судьбе)

कल ऐंठना
досл. заводить механизм// 1. настраивать кого-л. в свою пользу, стремиться иметь над ним влияние 2. прибегать к ловкому ходу, чтобы получилось какое-л. дело

कलई खुलना
разоблачаться, раскрываться (об истинном характере кого-л.)

कलम तोड़ना
быть превосходным писателем

कलेजा उछलना
испытывать сильное ощущение радости, волнения, страха, опасения и т. п.

कलेजा उड़ना
быть не в себе из-за опасения, страха или страдания //ср. сердце в пятки ушло; душа в пятки ушла

कलेजा कटना
испытывать горе, находиться в беде

कलेजा काढ़ना
1. причинять кому-л. душевную боль
2. отнимать у кого-л. самое дорогое, отнять всё

कलेजा खाना
досаждать, надоедать кому-л. //экв. достать кого-л. до печёнок

कलेजा छलनी होना
испытывать душевную боль, получать рану в самое сердце из-за обидных слов, упрёков, насмешек

कलेजा छिदना
испытывать душевную боль, получать рану в самое сердце из-за обидных слов, упрёков, насмешек

कलेजा जलना
мучиться от зависти, ненависти, подавленного гнева и т. п

कलेजा टुकड़े-टुकड़े होना
разрываться от горя, сострадания (о сердце)

कलेजा टूटना
из-за какого-л. печального события терять желание что-л. делать, утрачивать надежду, отчаиваться //ср. разбитое сердце

कलेजा तोड़ना
лишать кого-л. энтузиазма, надежды //ср. разбить сердце

कलेजा ठंडा/तर होना
получить душевное спокойствие благодаря устранению причины беспокойства и исполнению желаний //ср. бальзам на душу

कलेजा थामना
подавлять, не показывать внешне сильные эмоции; не подавая вида, мужественно сносить мучения; без единого звука выносить нестерпимую боль

कलेजा थामकर रह जाना
подавлять, не показывать внешне сильные эмоции;

не подавая вида, мужественно сносить мучения; без единого звука выносить нестерпимую боль //ср. скрепя сердце

कलेजा धक से हो जाना
остолбенеть от неожиданного испуга //ср. душа в пятки ушла

कलेजा निकलना
остро переживать горе //ср. душу вынуть

कलेजा निकालकर धर/रख देना
1. ничего не жалеть, отдавать самое ценное дорогому человеку, гостю //экв. отдавать душу 2. высказывать, выкладывать всё, что накопилось на душе //экв. изливать душу 3. вкладывать все силы, всю душу в работу, работать изо всех сил, с душой

कलेजा पक जाना
измучиться, перенося боль или горе

कलेजा पकाना
сильно мучить кого-л.

कलेजा पकड़ना
1. быть вынужденным терпеливо сносить невыносимое страдание, большую беду 2. сдерживать, контролировать беспокойство или тревогу

कलेजा पकड़कर रह जाना
1. молча терпеть горе, выносить печаль 2. не иметь возможности что-л. предпринять, чтобы изменить ситуацию //ср. скрепя сердце

कलेजा पसीजना
испытывать жалость, сострадание

कलेजा फटना
разрываться от горя, сострадания (о сердце)

कलेजा बल्लियों/बाँसों उछलना
быть очень счастливым в ожидании прихода дорогого человека или получения чего-л. приятного; быть очень счастливым из-за какого-л. события или новости

कलेजा बैठना
1. остановиться от печали, разочарования (о сердце) 2. потерять способность делать что-л. из-за душевного удара

कलेजा मसोसकर रह जाना
1. молча терпеть горе, выносить печаль 2. даже имея желание, чувствовать себя бессильным предпринять что-л. в какой-л. ситуации //ср. скрепя сердце

कलेजा मुँह को आना
сильно тревожиться, переживать стресс //ср. сердце выпрыгивает из

груди

कलेजा भारी होना
испытывать душевную боль, горевать из-за неприятного сообщения, события

कलेजा सुलगना
быть постоянно расстроенным, огорчённым; чувствовать постоянное раздражение

कलेजा हाथों उछलना
быть очень счастливым в ожидании прихода дорогого человека или получения чего-л. приятного; быть очень счастливым из-за какого-л. события или новости

कलेजे का टुकड़ा
потомок, сын; любимец // экв. (разг.) кровиночка

कलेजे पर छुरी चलना
испытывать душевную боль, получать рану в самое сердце из-за обидных слов, упрёков, насмешек либо увидев какую-л. сцену

कलेजे पर पत्थर रखना
1. быть вынужденным терпеливо сносить невыносимое страдание, большую беду 2. сдерживать, контролировать беспокойство или тревогу //ср. камень на сердце

कलेजे पर साँप लोटना
мучиться от зависти, ненависти

कलेजे में पैठना
завоёвывать чьё-л. доверие, заводить с кем-л. дружбу, стремясь проникнуть в его тайну

कलेजे में तीर लगना
испытывать душевную боль, получать рану в самое сердце из-за обидных слов, упрёков, насмешек

कलेजे से लगाकर रखना
бережно заботиться о ком-л., беречь, хранить что-л. с большой осторожностью

कलेवर बदलना
1. менять обличье; перевоплощаться, видоизменяться 2. полностью исцеляться (о больном теле) 3. менять телесную оболочку, перерождаться

कल्ला दबाना
(прост.) затыкать кому-л. рот

कल्ला मारना
(прост.) хвастаться; храбриться

कसक निकालना
осушествить долгожданную месть за старые обиды

कसर न उठा रखना
делать всё возможное, прилагать все усилия, ни перед чем не

останавливаться

कसर निकालना
осуществить долгожданную месть за старые обиды

क़हर ढाना
в гневе причинить кому-л. серьёзный вред

कहीं का न छोड़ना/रखना
губить, уничтожать кого-л., что-л.

कहीं का न रहना
оставаться ни с чем, быть уничтоженным (о ком-л.)

काँगड़ी पहलवान
слабосильный человек; (ирон.) "силач"

काँटे की बात
точное, взвешенное слово

काँटा निकलना
устраняться, исчезать (про опасение, волнение, препятствие)

काँटा दूर होना
устраняться, исчезать (про опасение, волнение, препятствие)

काँटे बिछाना
1. желать кому-л. недоброго 2. чинить препятствия

काँटे बोना
намеренно создавать кому-л. препятствия в будущем

काँटों पर लोटना
испытывать беспокойство из-за каких-л. недостатков, комплекса неполноценности; испытывать чувство вины, ревность, ненависть и т. д.

काँटों में घसीटना
1. причинять кому-л. боль, пытку 2. ставить кого-л. в неловкое положение, преувеличенно восхваляя его или ведя себя с ним излишне формально

काँटे में तुलना
досл. быть взвешенным на весах (при использовании денег вместо гирь)// быть дорогим, дорогостоящим

काँध मारना
подвести кого-л. в трудную минуту, отказать в помощи в самый необходимый момент

काँधी देना
уклоняться, отговариваться от какого-л. действия

काँस में तैरना
колебаться, оказавшись в трудном положении

काँस में फँसना
попадать в трудное положение, в беду

काग़ज़ काला करना/रंगना
заниматься пустой писаниной; марать, переводить бумагу

काग़ज़ के घोड़े दौड़ाना
вести оживлённую, но пустую переписку

//экв. заниматься бумагомарательством

काग़ज़ी घोड़े दौड़ाना

вести оживлённую, но пустую переписку //экв. заниматься бумагомарательством

काजल की कोठरी

место с дурной славой, злачное место

काटने दौड़ना

яростно, с раздражением выражать свой гнев

काटो तो ख़ून नहीं

остолбенеть от страха, раскрытия тайны, неожиданного морального удара //ср. кровь стынет в жилах

काठ का उल्लू

полный дурак, болван //ср. дубина стоеросовая

काठ की हाँडी

1. способ, которым можно обмануть только один раз
2. нечто недолговечное

काठ मार जाना

остолбенеть от удивления, горя, боли и т. п.

काठ में पाँव देना/डालना

сознательно ставить себя в трудное положение

कान खड़े होना

настораживаться //ср. держать ухо востро

कान कतरना/काटना

перехитрить кого-л.

कान का कच्चा

легковерный человек

कान खाना

донимать кого-л. своей болтливостью, пустословием, требованиями и т. д.

कान खोलना

предупреждать кого-л. о грядущей беде, опасности и т. п. //ср. раскрыть кому-л. глаза

कान देना/धरना

внимать совету; внимательно слушать, выслушивать кого-л.

कान पकड़ना

1. признать свою ошибку и пообещать не совершать подобнее в будущем
2. принять решение не повторять чего-л. в будущем, основываясь на прежнем негативном опыте

कान पर जूँ तक न रेंगना

не обращать никакого внимания на упрёки, советы, поучения; оставаться совершенно равнодушным к чужому горю, беде и т. п. //ср. даже бровью не повести

कान-पूँछ दबाकर चले जाना

отойти без сопротивления, чтобы не навредить себе, тихо уходить откуда-л. //ср. уходить поджав хвост

कान फूँकना
1. шептать кому-л. в ухо 2. давать гуру-мантру (когда гуру принимает своих учеников, то, оценив их способности и т. п., он шепчет на ухо каждому ученику советы, которые помогут ему в будущей жизни в основном духовного плана) 3. портить чьё-л. мнение о ком-то, вызывать у кого-л. подозрение //ср. петь в уши

कान भरना
1. портить чьё-л. мнение о ком-то, вызывать у кого-л. подозрение 2. критиковать кого-л., плохо отзываться, сплетничать, ябедничать

कान में डालना
во что бы то ни стало передать кому-л. какое-л. сообщение, предложение, предупреждение и т. д.

कान में तेल/रूई डालकर बैठना
намеренно не обращать внимания на чьи-л. слова, игнорировать их, абстрагироваться от ситуации

कान लगाना
внимательно прислушиваться к чему-л.; стараться из любопытства подслушать чужой разговор //экв. греть уши

कानी/फूटी कौड़ी न होना
быть абсолютно нищим // экв. не иметь ломаного гроша за душой

कानों कान ख़बर न होना
оставаться в неведении, совершенно ничего не слышать о чём-л. //ср. никто не нашептал

कानों पर हाथ धरना/रखना
1. проявлять незнание чего-л., полностью отрицать что-л. 2. пообещать больше не совершать отвратительных или предосудительных поступков

काफ़ूर होना
внезапно убежать, исчезнуть, улетучиться

काम आना
пасть на поле боя

काया पलट देना
полностью изменить, обновить кого-л., что-л., придать (вещи, месту) совершенно новый облик, полностью видоизменить что-л.

काल के गाल में जाना
умереть

काले तिल चबाना
находиться в чьей-л. власти

किनारा करना
держаться в стороне от кого-л., сторониться кого-л.

किनारा खींचना
рвать отношения с кем-л.,

отстраняться от чего-л.

किनारे लगाना
довести чьё-л. дело до завершения; помочь кому-л. избавиться от несчастья

किल्ली ऐंठना/घुमाना/दबाना
прибегнуть к ловкому ходу, чтобы получилось какое-л. дело или поменялось чьё-л. мнение

किल्ली हाथ में होना
иметь власть над кем-л.; знать, как заставить кого-л. подчиниться

क़िस्मत खुलना/चमकना
благоволить кому-л. (о судьбе), улыбаться (о счастье)

क़िस्मत फूटना
отворачиваться от кого-л. (о хороших временах, счастье и т. п.)

क़िस्मत लड़ना
1. попасть в ситуацию, в которой предстоит проверка на везение или невезение 2. благоволить кому-л. (о судьбе), улыбаться (о счастье)

कीचड़ उछालना
распостранять скорее неверные порочащие кого-л. сведения //экв. поливать грязью

कीचड़ में फँसना
попасть в трудную ситуацию, в беду //ср. увязнуть в трясине

कीड़े पड़ना
находиться в крайне плачевном состоянии (о человеке, вещи)

कुआँ खोदना
1. зарабатывать на жизнь тяжёлым трудом
2. придумывать способы, уловки, чтобы нанести другому ущерб, вред //экв. рыть другому яму

कुआँ झाँकना
бродить повсюду в поисках чего-л., блуждать в поисках

कुएँ की मिट्टी कुएँ में लगना
терять на том же деле, которым прежде зарабатывал; пропадать напрасно, идти прахом (о результатах труда, усилиях)

कुएँ पर से प्यासा लौटना
возвращаться ни с чем оттуда, где ожидалось лёгкое исполнение желания //экв. возвращаться не солоно хлебавши

कुएँ में गिरना
попадать в трудную ситуацию, из которой нелегко найти выход

कुएँ में धकेलना
1. разрушить чью-л. жизнь
2. ввергать кого-л. в беду

कुएँ में बाँस डालना

прилагать большие усилия, чтобы найти кого-л.; исследовать что-л.

कुएँ में भाँग पड़ना
массовое помешательство, неподобающее поведение (как будто в колодец бросили коноплю и все опьянели от колодезной воды)

कुएँ में से बोलना
досл. говорить из колодца// говорить очень тихо и невнятно

कुत्ते की मौत मरना
умирать в муках, не получая ни помощи, ни сострадания и сочувствия //экв. умирать собачьей смертью

कुम्हड़े की बतिया
физически слабый человек

कुरसी तोड़ना
бездельничать //ср. просиживать стул

कुल बखानना
порицать, проклинать старших и весь род

कुल्हिया में गुड़ फोड़ना
досл. крошить кусок тростникового сахара в маленьком глиняном горшке// делать что-л. в строгом секрете

कूट-कूटकर भरा होना
быть наделённым сполна (пороками, добродетелями)

केंचुल/केंचुली बदलना
менять обличье; перевоплощаться, видоизменяться

कैंची की तरह ज़बान चलना
быстро, много и необдуманно говорить // экв. молоть языком

कोढ़ की/में खाज
несчастье за несчастьем //экв. беда никогда не приходит одна

कोदों/कोदो दलना
заниматься тяжёлым физическим неквалифицированным трудом

कोदों/कोदो देकर पढ़ना/सीखना
1. быть негодным, низким по качеству (о бесплатно полученном образовании, навыках и т. п.) 2. получать неполное, плохое образование, быть малограмотным, не знать ничего

कोना झाँकना
из страха или стеснения стараться избегать исполнения того, что говорил, уклоняться от выполнения обещания

कोयले की दलाली में हाथ काले होना
иметься (о полной вероятности потерять свою репутацию, занимаясь каким-л. недостойным

делом)

कोयलों पर छाप/मोहर होना
экономить на мелочах; быть очень бережливым в мелких расходах; беречь обыкновенные вещи, словно драгоценности

कोर दबना
досл. уголок, край задавлен// находиться под чьим-л. давлением или властью из-за чувства признательности к нему //ср. быть у кого-то под колпаком

कोर दबी होना
досл. уголок, край задавлен// находиться под чьим-л. давлением или властью из-за чувства признательности к нему //ср. быть у кого-то под колпаком

कोरा जवाब देना
1. без колебаний грубо отказывать кому-л. 2. избегать отвечать на любые вопросы, притворяясь незнающим; не соглашаться, не приводя аргументов

कोरे उस्तरे से मूँड़ना
полнстью одурачив, обобрать кого-л. //экв. оставлять в дураках

कोल्हू का बैल
1. большой трудяга, человек, работающий днём и ночью, выполняющий тяжёлую, рутинную работу 2. человек, всегда идущий по проторённой дороге 3. дурак, глупец

कोल्हू काटकर मुँगरी/मोगरी बनाना
досл. вырезать пресс для масла, чтобы делать деревянный молоток// нести несоразмерные затраты ради небольшой выгоды

कोल्हू में डालकर पेरना
1. беспощадно эксплуатировать работников 2. мучить кого-л., доставлять кому-л. физические страдания

कौए उड़ाना
заниматься ненужными или бесполезными делами

कौड़ी/कौड़ियों के मोल बिकना
продаваться очень дёшево //экв. стоить ломаный грош

कौड़ी को न पूछना
считая какую-л. вещь никчёмной, не брать её даже даром; игнорировать кого-л. как бесполезного или незначительного //экв. не давать ломаного гроша

कौड़ी-कौड़ी दाँत से पकड़ना
досл. хватать зубами каждую копейку// быть чрезвычайно жадным //ср. за копейку удавится

ख

खटाई में डालना
откладывать какое-л. дело или принятие решения //ср. откладывать в долгий ящик

खटाई में पड़ना
зависать, быть отложенным (о каком-л. деле, вопросе)

खटिया खड़ी करना
не давать кому-л. спокойно жить, сильно досаждать

खटिया तोड़ना
досл. сломать кровать// быть очень ленивым, праздно валяться; бездельничать //экв. пролёживать кровать

खटिया पकड़ना
быть прикованным к кровати из-за болезни

खट्टा खाना
1. обижаться по пустякам, быть недовольным, дуться 2. считать себя неудачником, хуже других

खड़िया में कोयला
нечто неподходящее, портящее своим несоответствием общую картину //ср. ложка дёгтя в бочке мёда

खड़ी सवारी आना
уходить сразу же, не задерживаясь там, куда пришёл; только прийти куда-то и тут же собираться идти обратно

खड़े पाँव लौटना
уходить сразу же, не задерживаясь там, куда пришёл; только прийти куда-то и тут же собираться идти обратно

खड़े-खड़े लौटना
уходить сразу же, не задерживаясь там, куда пришёл; только прийти куда-то и тут же собираться идти обратно

खड़े पीर का रोज़ा रखना
всё время стоять на ногах, не присаживаться; находясь в гостях или на каком-л. мероприятии, стараться всё время помогать хозяевам

ख़बर लेना
1. навещать кого-л., заботиться о ком-л., навещать больного, присматривать за ним 2. ругать, проучивать, наказывать кого-л.

ख़म खाना
измениться, подстроившись под чьи-л. правила

ख़म ठोंकना
1. бросать вызов на бой, состязание 2. проявлять твёрдость намерений; решительно утверждать

ख़याली पुलाव पकाना
мечтать, фантазировать //

экв. строить воздушные замки

खरी-खरी सुनाना

говорить сущую правду, без обиняков //экв. резать правду-матку

खरी-खोटी सुनाना

1. в ярости говорить всё, что приходит в голову 2. сильно критиковать кого-л.

खलियान करना

убивать, уничтожать

ख़ाक उड़ना

1. приходить в запустение //ср. идти прахом 2. распространяться (о дурной славе)

ख़ाक उड़ाना

1. слоняться, бесцельно бродить 2. терять репутацию, пятнать доброе имя дурными поступками 3. высмеивать, поднимать на смех кого-л., насмехаться над кем-л.

ख़ाक / मिट्टी करना

разрушать до основания, полностью уничтожать // экв. пустить прахом

ख़ाक चाटना

унижаться, униженно просить

ख़ाक छानना

слоняться, бесцельно бродить; исходить, исколесить все вокруг в поисках чего-л.

ख़ाक डालना

1. скрывать чьи-л. недостатки 2. стараться забыть о неприятностях

ख़ाक फाँकना

1. суетиться, хлопотать 2. обманывать

ख़ाक बरसना

быть опустощённым, заброшенным, оказываться в бедственном положении (о каком-л. месте)

ख़ाक में मिलना

полностью разрушаться // экв. обращаться в прах

ख़ाक में मिलाना

уничтожать, разорять что-л.; разорять кого-л. // ср. пускать прахом

खाकर डकार न लेना

присваивать чужое и не проявлять ни малейшей признательности //ср. обирать, не моргнув глазом

ख़ाका उड़ाना

высмеивать, позорить кого-л., насмехаться над кем-л.

ख़ाकी अंडा

ублюдок

खाट खड़ी करना

не давать кому-л. спокойно жить

खाट तोड़ना

досл. сломать кровать// быть очень ленивым, праздно валяться;

бездельничать //экв. пролёживать кровать

खाट से उतारना

быть при смерти [в Индии в доме принято при неизбежной близости смерти снять человека с кровати и положить на пол]

खाट से लगना

быть прикованным к кровати из-за болезни

खाट सेना

быть очень ленивым, праздно валяться; бездельничать //экв. пролёживать кровать

खाते-पीते लातें मारना

имея обеспеченную жизнь, быть недовольным

ख़ार खाना

злиться; завидовать; ревновать //ср. иметь зуб на кого-л.

ख़ार निकालना

мстить кому-л., срывать злобу на ком-л.

खाल उधेड़ना/खींचना

сильно, до крови избивать //экв. спускать шкуру

ख़ाली हाथ लौटना

не достичь своей цели, не получить желаемое // экв. вернуться не солоно хлебавши

खिचड़ी पकाना

тайно совещаться, устраивать заговор

खीस/खीसें काढ़ना/निकालना/निपोरना

1. нагло усмехаться, скалить зубы, чтобы скрыть смущение, стыд 2. льстить 3. умереть, оскалиться смертельным оскалом

खूँटा गाड़ना

сделать своим постоянным местонахождением (о каком-л. месте), обосновываться

खूँटे के बल कूदना

1. кичиться, рассчитывая на чью-л. помощь, поддержку 2. имея поддержку кого-л. сильного, считать сильным самого себя

खूँटे से बाँधना

женить кого-л. против его желания //ср. захомутать

ख़ून उबलना

прийти в ярость, кипеть от гнева, возмущения

ख़ून का घूँट पीना

подавлять порыв гнева; молча терпеть гнев, горе // ср. проглотить обиду

ख़ून का प्यासा

жаждущий крови

ख़ून के आँसू रोना

испытывать невыносимые страдания //экв. умыться кровавыми слезами

ख़ून ख़ुश्क होना

1. сильно испугаться увидев кого-л.,

почувствовать сильный страх перед чем-л. //экв. кровь стынет в жилах 2. очерстветь по отношению к близким людям

ख़ून खौलना

прийти в ярость, кипеть от гнева, возмущения

ख़ून गरम होना

1. прийти в ярость 2. обладать горячим нравом

ख़ून चूसना

досл. сосать кровь// эксплуатировать

ख़ून पानी होना

1. испытывать физические или моральные страдания 2. полностью утратить чувство любви, привязанности к родным, близким

ख़ून पसीना एक करना

стараться изо всех сил // ср. трудиться в поте лица; потом и кровью

ख़ून पीना

мучить, изводить кого-л., заставлять кого-л. выполнять тяжёлую работу

ख़ून मुँह (को) लगना

привыкать к жестокости; ожесточаться; стать кровожадным

ख़ून लगाकर शहीद होना

не прикладывая никаких усилий, не жертвуя ничем для какого-л. дела, ставить себя в ряд с теми, кто усердно работал

ख़ून सफ़ेद होना

утратить приверженность главным человеческим ценностям, перестать испытывать любовь, благодарность и т. п.

ख़ून सिर पर सवार होना

быть готовым убить кого-л.; помешаться на идее убийства

ख़ून सूखना

сильно испугаться кого-л., почувствовать сильный страх перед чем-л. //экв. кровь стынет в жилах

खेत रहना/होना

быть убитым на войне, сложить голову на поле битвы

खेल करना

считая какое-л. дело незначительным, превращать его в шутку, игру

खेल खेलना

шутки шутить; водить кого-л. за нос

खेल खेलाना/खिलाना

изводить кого-л., завлекая в пустые, ненужные дела, разговоры, скрывая что-то, не отвечая на вопросы

खेल बिगाड़ना

портить дело

खेल समझना

считать что-л. лёгким, шуточным делом

खेला-खेलाकर मारना
играя изводить; мучить прежде, чем нанести последий удар //экв. играть как кошка с мышкой

खोटा खाना
зарабатывать на жизнь нечестным путём

खोटा सिक्का
непутёвый сын

खोटी करना
предавать

खोपड़ी खाना
надоедать разговорами или расспросами //экв. проедать мозги

खोपड़ी ख़ाली हो जाना
сильно устать от болтовни, от тяжёлого умственного труда

खोपड़ी चाटना
надоедать разговорами или расспросами //экв. проедать мозги

खोपड़ी खुजलाना
1. своим поведением, поступками заслуживать трёпки, наказания 2. быть не в состоянии понять что-л., быть озадаченным //экв. чесать затылок

ग

गंगा नहाना
досл. совершить омовение в Ганге// исполнить свои семейные, мирские обязанности и жить духовной жизнью (считается, что омовение в Ганге смывает все грехи)

गंगाजली उठाना
давать клятву, держа в руке сосуд с водой священной реки Ганги //ср. давать клятву на Библии

गंडा बाँधना
брать кого-л. в ученики [в системе традиционного обучения искусствам учитель завязывает на руке потенциального ученика особую красную нить, и это означает, что тот отныне его ученик]

गँवार का लट्ठ
глупец, некультурный, грубый человек

गई करना
из жалости не делать замечания по поводу недостойных слов, поведения кого-л.

गच्चा खाना
оплошаться; обмануться

ग़ज़ब ढाना
1. делать что-л. необыкновенное, проявлять какое-л. уникальное качество, удивлять всех 2. проявлять, совершать по отношению к кому-л. несправедливость

गज़ भर की छाती करना/होना
быть смелым, решительным; почувствовать прилив энтузиазма, получив поддержку своих, набраться храбрости

गठरी कटना
терять большую сумму денег

गठरी कर देना
досл. связать кого-л. в узел// поломать руки-ноги, избить до полусмерти

गठरी मारना
обирать кого-л. обманом, грабить кого-л.

गड़े मुर्दे उखाड़ना
копаться в прошлом //экв. поминать старое

गढ़ जीतना/तोड़ना
делать трудоёмкое дело

गड्ढा/गढ़ा खोदना
пытаться, готовиться нанести вред кому-л. //экв. рыть яму кому-л.

गड्ढा/गढ़ा पाटना/भरना
1. кое-как удовлетворять ежедневные потребности //экв. питаться хлебом и водой 2. восполнять убыток //экв. затыкать дыру 3. устранять противоречия

गड्ढे/गढ़े में गिरना/पड़ना
попадать в беду; идти по пути регресса

गड्ढे/गढ़े में धकेलना
толкать кого-л. на дурной путь

गधे का हल चलना
опустошаться; прийти в запустение

गधे को बाप बनाना
угодничать перед кем-л. незначительным из собственных интеросов

गधे से हल चलवाना
полностью опустошать какое-л. место

ग़म खाना
молча перетерпеть обиду // экв. проглотить обиду

ग़म ग़लत करना
забываться, отвлекаться

ग़रज़ का बावला
человек готовый на всё ради своей корысти, страсти

गरदन उठाना
сопротивляться; восставать

गरदन ऐंठी रहना
1. держаться высокомерно,

надменно 2. быть вечно недовольным

गरदन काटना
наносить кому-л. большой ущерб, вред (прибегая к обману, несправедливости или мучая кого-л.) //ср. перекрывать кислород

गरदन झुकना
испытывать стыд перед кем-л., быть покорным кому-л.

गरदन झुकाना
подчиниться, сдаться кому-л. //ср. склонять перед кем-л. голову

गरदन फँसना
попадать в беду, трудное положение

गरदन फँसाना
1. возлагать ответственность на кого-л. 2. осознанно или неосознанно запутаться в каких-то ненужных делах, хлопотах

गरम होना
вступить в драку, ссору с кем-л. в порыве ярости

गला काटना
эксплуатировать (особенно в финансовом отношении) подчинённого, невинного или невежественного человека

गला टीपना/दबाना
принуждать делать что-л., отдавать что-л. или терпеть ущерб, убыток

गला पकड़ना
привлекать к ответственности кого-л. за что-то; заставлять кого-л. сделать что-то //экв. держать кого-л. за горло

गले का ढोलना
прилипала, прицеп

गले का हार
горячо любимый человек или вещь, которая особенно дорога, с которой человек не расстаётся

गले का ढोल बजाना
выполнять навязанную кем-л. работу; нести свою ношу

गले पड़ना
сильно приставать к кому-л., навязываться (о каком-л. деле, о какой-л. ответственности) против желания

गले (में) पड़ा ढोल बजाना
выполнять навязанную кем-л. работу; нести свою ношу

गले पर छुरी चलाना/फेरना
наносить кому-л.большой ущерб, вред, прибегая к обману, несправедливости или мучая кого-л.

गले बाँधना/मढ़ना
навязывать какое-л. дело или какого-л. человека кому-л. против его желания //ср. вешать на шею

गले से नीचे न उतरना
отказываться принять какую-л. вещь, считая её совершенно неприемлемой

गहरा पेट
1. человек, свято хранящий тайну 2. человек, не возврашающий то, что однажды взял 3. обжора, ненасытная утроба

गहरा हाथ मारना
хитростью, обманом заполучить, присвоить большую сумму //экв. срывать куш

गहरी घुटना
тесно дружить //ср. не разлей вода

गहरे में चलना
действовать в глубокой тайне, очень скрытно

गाँठ कतरना/काटना
с ловкостью и хитростью обворовывать кого-л.

गाँठ खुलना
1. устраняться (о недоразумении, недопонимании) 2. решаться (о проблеме, которая всё время беспокоит, крутится в голове)

गाँठ पड़ना
1. возникать, появляться (о недоразумении, которое может перерасти в вражду) 2. исчезать (о прежней теплоте, простодушии и лёгкости в отношениях)

गाँठ बाँधना
обращать пристальное внимание на что-л. с целью запомнить его навсегда // ср. завязать узелок на память

गागर में सागर भरना
выражать глубокие чувства, мысли в немногих словах

गाजर-मूली समझना
считать кого-л. ничтожеством, никчёмным, ни на что не способным; ни во что не ставить кого-л.

गाड़ी अटकना/रुकना
застопориться (о деле) из-за какого-то препятствия

गाड़े बैठना
1. сидеть в засаде 2. быть на посту или в карауле

गाढ़ी घुटना/छनना
тесно дружить //ср. не разлей вода

गाढ़े का साथी
настоящий друг, который рядом в трудное время

गाढ़े पसीने की कमाई
что-то заработанное большим трудом

गाल फुलाना
выражать свою гордость; выражать свой гнев, храня молчание или надувшись

गाल बजाना
нести чепуху, хвастаться

गिरगिट की तरह रंग बदलना

постоянно менять своё мнение, поведение, слова; не придерживаться своих принципов //экв. менять цвет как хамелеон

गीदड़ बोलना
опустеть (о доме, местности); дурная примета

गीदड़ भभकी
показная храбрость, пустая угроза

गुड़-गोबर करना
портить почти завершённое дело

गुड़ियों का खेल समझना
считать какое-л. дело совсем лёгким, знакомым, пустячным

गुदड़ी का लाल
говорится о незаурядной личности с заурядной внешностью //ср. мал золотник да дорог

गुल खिलाना
"1. делать что-л. необычное, неожиданное, что становится темой для обсуждения
2. создавать своим присутствием где-л. необычную, неприятную ситуацию, затевать склоку"

गुलछर्रे उड़ाना
не оглядываясь на нормы морали, предаваться чрезмерным удовольствиям

गुह/गू उछालना
позорить, чернить кого-л.; предавать гласности чьи-л. неблаговидные поступки

गुह/गू उठाना
выполнять для кого-л. грязные работы

गुह/गू खाना
делать что-л. очень плохое, неуместное

गुह/गू में घसीटना
сильно оскорблять, унижать кого-л.

गुह/गू में ढेला फेंकना
спорить с каким-л. бессовестным, недостойным человеком, с человеком с дурной славой; вступать в контакт с кем-л. или с чем-л., что точно причинит тебе вред или запятнает имя

गूँगे का गुड़
чувство, переживание, не поддающееся описанию

गू' के लिए देखें 'गुह' के तद्रूपी मुहावरे

गूलर का कीड़ा
ограниченный человек; человек, не имеющий жизненного опыта

गूलर का पेट फाड़ना
раскрыть чей-л. секрет, разоблачать кого-л.

गूलर का फूल

редкий человек, вещь, явление

गोटी जमना/बैठना

удаваться (о приёмах); осуществляться (о планах)

गोटी लाल होना

быть достигнутой (о цели); быть полученной (о выгоде)

ग़ोता खाना

сильно обманываться; оплошать

गोद देना

отдавать на усыновление (удочерение)

गोद भरना

1. стать матерью 2. совершать первый обряд брачного ритуала (родственники жениха кладут на подол невесты кокос, немного денег, зерна и т. п.)

गोद लेना

усыновлять (удочерять)

गोद सूनी होना

не иметь ребёнка; оставаться бездетной

गोबर-गणेश

дурак, глупый, никчёмный человек

गोल करना

1. увести разговор в другую сторону, как будто темы и не было; скрывать свою истинную цель 2. незаметно убрать какую-л. вещь с её обычного места, спрятать

गोल हो जाना

незаметно уходить, исчезать откуда-л.

गौं का यार

эгоист, своекорыстный человек

गौं गाँठना/निकालना

искать способ извлекать собственную выгоду

गौं पड़ना

нуждаться в чьей-л. помощи

घ

घंट बँधना

досл. подвешивать кувшин// желать кому-л. смерти [в Индии было принято в случае чьей-л. смерти на 10-12 дней зажигать лампаду и вешать для души усопшего кувшин с водой на дерево пипал или в доме] как проклятие может звучать так: «तुम्हारे घर घंट बंधे» - «пусть у вас висит кувшин»

घंटा हिलाना
(груб.) бездельничать или заниматься пустяками

घट/घट-घट में बसना/रमना
жить в душе (о вере в бога); западать в душу (о светлых идеях)

घट्ठा पड़ना
приобрести навык, опыт в каком-л. деле

घड़ियाँ गिनना
считать минуты, с нетерпением ожидая кого-л., что-л.

घड़ों पानी पड़ना
опозориться перед другими, когда доказано, что ты был не прав

घपची बाँधकर पानी में कूदना
браться за дело двумя руками, с полной готовностью

घर का आँगन हो जाना
(о доме) 1. становиться руинами 2. процветать счастьем, богатством, рождением сына

घर काटने को दौड़ना
наводить грусть, тоску, уныние (о доме)

घर घालना
ронять, портить авторитет семьи

घर फूँककर तमाशा देखना
1. ради показухи тратить больше своих реальных возможностей 2. наносить себе большой вред, ущерб ради временного удовольствия, наслаждения и т. п.

घर बिगाड़ना
1. посев рознь в какой-л. семье, уничтожить ее благополучие, благосостояние 2. совратив девушку опозорить её семью

घर सिर पर उठाना
поднимать ужасный шум; устраивать переполох //ср. перевернуть всё с ног на голову, поставить всех на уши

घाट-घाट का पानी पीना
иметь опыт в практических и мирских делах //ср. пройти огонь, воду и медные трубы

घात ताकना
ждать подходящего момента, чтобы навредить кому-л.

घात पर चढ़ना
попадать на удочку, в зависимость, под власть кого-л., становиться орудием в чьих-л. руках

घात में आना
попадать на удочку, в зависимость, под власть кого-л, становиться орудием в чьих-л. руках

घात लगाना
выжидать удобный момент,

случай, чтобы навредить, нанести удар

घाल न गिनना
ни во что не ставить кого-л.

घाव पर नमक छिड़कना
причинять страдания уже страдающему, усугублять чьи-л. страдания //экв. сыпать соль на раны

घाव पर मरहम लगाना
утешать или подбадривать страдающего человека // экв. бальзам на рану

घाव हरा होना
вспомниться (о затаённых печалях)

घास काटना
1. неохотно делать какую-л. работу 2. заниматься тривиальным, ненужным, бесполезным делом

घास खाना
1. жить как дикарь, питаясь чем попало и теряя человеческий облик 2. плохо питаться из-за бедности или чрезмерной жадности

घास खोदना/छीलना
1. неохотно делать какую-л. работу 2. заниматься тривиальным, ненужным, бесполезным делом

घास न डालना
считая кого-л. ненужным не обращать на него никакого внимания, не проявлять к нему никакого интереса

घी का कुप्पा लुढ़कना
нести большой убыток, ущерб в результате потери состоятельного покровителя, лишиться денежной поддержки

घी के दीये जलाना
радоваться исполнению своего желания, праздновать исполнение желания

घुंडी खोलना
устранять недоразумение, недопонимание путём откровенного разговора

घुट-घुटकर मरना
длительное время страдать от мучительной болезни или от одиночества, депрессии, невыносимых душевных страданий

घुटा हुआ आदमी
хитрый человек, плут //экв. тёртый калач

घुटने टेकना
признавать своё поражение, признавать себя покорным чьей-л. власти

घुट्टी में पड़ना
приобретать привычки, черты характера с раннего детства //экв. впитывать с молоком матери

घुन लगना
быть на грани жизни и смерти из-за тяжёлых дум, забот, печали, болезни

घुल-घुलकर बातें करना
общаться с кем-л. как с близким человеком, говорить по душам

घुल-घुलकर मरना
умереть, сильно исхудав и ослабев из-за душевной или физической боли

घोंघा-बसंत
круглый дурак, болван

घोड़े बेचकर सोना
спать совершенно спокойным сном, не имея на душе никаких забот

घोलकर पी जाना
1. уничтожить что-л., не оставив и следа 2. выучить наизусть

घोले में डालना
1. затягивать работу, заниматься проволочками 2. впутывать кого-л. в трудную ситуацию

घोले में पड़ना
попадать в трудное положение

च

चंग उमहना/चढ़ना
1. усиливаться, обостряться, разгораться (о чём-л.) 2. быть возвышенным (о чьей-л. мощи, величии, славе) 3. возникать (о каком-л. интересе или желании к чему-л.) 4. появляться (о возможности исполнения чьего-л. желания)

चंग (पर) चढ़ाना
1. расположить кого-л. к себе уговорами, лестью, чтобы добиться своей цели (подобрать ключ к кому-л., понять, как задобрить какого-л. важного человека, чтобы тот помог в достижении цели) 2. лестью вскружить голову кому-л. 3. поощрять, побуждать кого-л. делать что-л.

चंगुल में फँसना
попадать в чьи-л. сети или под чью-л. власть

चंडूख़ाने की गप
грязные сплетни, наглая ложь

चँदिया पर बाल (तक) न छोड़ना
обманом присваивать себе чьё-л. богатство или его большую часть; разорять

кого-л.

चँदिया मूँड़ना
обманом присваивать себе чьё-л. богатство или его большую часть; разорять кого-л.

चक जमना/बैठना
получать власть, становиться авторитетным

चक्कर में आना/पड़ना
попасться на чей-л. обман; начать что-л. делать, находясь под чьим-то влиянием

चक्कर में डालना
1. удивлять, изумлять кого-л. 2. ставить кого-л. в затруднительное положение

चक्की पीसना
1. выполнять тяжёлую работу 2. нести тяжёлое наказание

चचा बनाना
(разг. ирон.) справедливо и сполна наказать, отомстить

चट कर जाना
1. съесть всё 2. запросто присваивать чужое

चटनी करना/बनाना
сильно избивать кого-л., побить до полусмерти

चट्टे-बट्टे लड़ाना
затевать ссору между близкими, натравливая их друг на друга наговорами

चढ़ बनना
благодаря росту своего влияния или росту успеха завоевать авторитет

चढ़ बैठना
заставлять кого-л. действовать по своим указаниям, имея власть над ним

चढ़े घोड़े सवार आना
уходить сразу же, не задерживаясь там, куда пришёл; только прийти куда-то и тут же собираться идти обратно

चबा-चबाकर बोलना
разговаривать сквозь зубы (из важности или лукавства)

चरका देना
обманывать, дурачить сладкими речами

चलता करना
1. кое-как разрешать какое-л. дело, улаживать проблему 2. отправлять кого-л. восвояси, прогонять

चलता बनना
(незаметно) удалиться с места, ускользнуть

चल बसना
скончаться

चाँड सरना
успокоиться после исполнения душевной потребности или сильного желания

चाँद का टुकड़ा

очень красивый человек // ср. луноликий

चाँद पर थूकना
пытаясь опорочить уважаемого человека и покрыть позором самого себя

चाँदी काटना
воспользовавшись случаем, получить большие лёгкие деньги

चाँदी का जूता
взятка

चाँदी की ऐनक लगाना
делать какую-л. работу только за взятку, наживаться

चाँदी की जूती
взятка

चाँदी बरसना
досл. серебряный дождь// иметь большой доход или прибыль со всех сторон

चाँदी होना
иметь большой доход, иметь финансовую выгоду, наслаждаться жизнью, получать удовольствие, кайфовать

चादर उतारना
позорить, бесчестить кого-л.

चादर ओढ़ाना/डालना
жениться на вдове

चादर तानकर सोना
безмятежно спать: а) выполнив свои обязательства, не имея более никаких забот б) не думая ни о чём, не принимая близко к сердцу никаких забот (про ленивого, безответственного человека)

चादर देखकर पाँव फैलाना
жить по средствам; считаться с реальными возможностями

चादर से बाहर पैर फैलाना
1. сильно стараться // ср. лезть из кожи вон 2. расходовать на что-л. свыше своих возможностей (о деньгах)

चाम के दाम चलाना
1. злоупотреблять своими временными полномочиями 2. принуждать кого-л. к труду 3. зарабатывать проституцией

चार चाँद लगना
умножаться (об успехе, авторитете, престиже, красоте)

चार दिन की चाँदनी
преходящая радость, счастье на короткое время

चार-पाँच करना
1. увиливать, уклоняться, не давать полный и точный ответ 2. спорить, пререкаться

चार सौ बीसी करना
[обман, мошенничество наказывается по статье 420 Индийского уголовного кодекса, оттуда и идиома] обмануть кого-л., обманом завладеть чужим имуществом

चारपाई धरना/पकड़ना
быть прикованным к кровати из-за болезни, быть немощным

चारों ख़ाने चित करना
нанести полное поражение кому-л. //ср. разбить наголову

चारों ख़ाने चित गिरना/होना
1. потерпеть полное поражение 2. остолбенеть, получив печальные вести // экв. впасть в ступор

चारों फूटना
досл. ослепнуть на все четыре глаза - {имеется в виду два внешних глаза и два внутренних (знание и интуиция)}// лишаться рассудка

चाल चलना
делать необычный, хитрый ход для достижения своей цели

चाल चल जाना
удаваться (о хитрости, уловке)

चिकना घड़ा
легкомысленный, бесстыдный, нахальный человек

चिकनी-चुपड़ी बातें
сладкие речи, лесть, лукавство

चिट्ठी भरना
имея на руках долговое обязательство, быть вынужденным выплачивать свой или чужой долг

चिड़िया फँसाना
1. ловить на удочку богатого человека, чтобы обогатиться 2. соблазнять женщину

चित करना
победить кого-л.

चित्त चुराना/हरना
очаровывать кого-л.; завоёвывать чьё-л сердце

चित्त पर चढ़ना
запечатлеться и постоянно вспоминаться //ср. крутиться в голове

चित्त से उतरना
досл. терять место в сердце// 1. утрачивать уважение или любовь к кому-л. 2. терять интерес к чему-л. 3. забывать о чём-л.

चिनगारी छोड़ना
досл. выпустить искру// вызывать своими словами или действиями переполох, волнение, спор, раздор и т. п. среди людей //ср. разжигать вражду; быть яблоком раздора

चिराग़ लेकर ढूँढ़ना
досл. искать с лампадой в руках// тщательно искать

चिराग़ से चिराग़ जलना
досл. от лампады зажигается лампада// начинать цепочку благих дел

चिलम भरना
прислуживать кому-л.; выполнять самую низменную работу для кого-л.; быть на положении раба, холопа

चींटी के पर निकलना
досл. появление крыльев у муравья (после этого он вскоре умирает)// осмелиться выйти за пределы своих возможностей

चुटकी लेना
насмехаться над кем-л., стыдить кого-л., говорить колкости кому-л.

चुटकियों में उड़ाना
1. не относиться к чему-л. серьезно, считать что-л. игрой. 2. с лёгкостью показать чью-то тривиальность, неважность или незначительность, унизить кого-л.

चुल्लुओं लहू पीना
причинять неимоверные страдания; долго мучить

चुल्लू भर पानी में डूब मरना
сгореть со стыда

चुल्लू में उल्लू होना
опьянеть от глотка спиртного

चूड़ियाँ ठंडी करना
овдоветь [в Индии при смерти мужа жена снимает и разбивает одетые на руку стеклянные браслеты]

चूड़ियाँ तोड़ना
овдоветь [в Индии при смерти мужа жена снимает и разбивает одетые на руку стеклянные браслеты]

चूड़ियाँ पहनना
проявлять трусость

चूतड़ दिखाना
(разг. грубое) 1. убегать как трус 2. сдаваться, пасовать перед трудностями

चूतड़ बजाना/पीटना
(разг. грубое) некрасиво, грубо выражать, выпячивать свою радость, удовольствие

चूना लगाना
исподтишка нанести вред чьему-л. финансовому состоянию или чести и репутации

चूमकर छोड़ देना
начать что-л. и не довести до конца

चूल न बैठना
не ладиться (о деле)

चूलें ढीली होना
изнемогать от тяжёлого труда

चूल्हा न जलना
1. не готовить пищу дома из-за траура 2. жить в бедности

चूल्हा फूँकना
заниматься стряпнёй, возиться на кухне

चूल्हे में झोंकना/डालना
досл. выбрасывать в очаг (огонь)// игнорировать какую-л. вещь, чьи-л. слова, считая их незначительными //ср. гори оно огнём

चूल्हे से निकलकर भट्ठी में पड़ना
выйти из трудного положения и тут же попасть в другую беду //ср. беда никогда не приходит одна //экв. из огня да в полымя

चेहरे पर हवाइयाँ उड़ना
растеряться от стыда, страха или волнения

चैन की बंसी बजाना
жить в удовольствиях, наслаждаться жизнью, кайфовать

चोटी दबना
быть под чьей-л. властью

चोटी दबाना
получать власть над кем-л., узнав его слабости или использовать кого-л. из-за его долгов

चोटी हाथ में होना
иметь власть над кем-л., зная его слабости или из-за того, что тот должен, обязан чем-л.

चोर के घर मोर पड़ना –
перехитрить хитрого; обмануть обманщика

चोर पर मोर पड़ना
перехитрить хитрого; обмануть обманщика

चोला छोड़ना
досл. оставить одеяние// преставиться (применительно к святым)

चोला बदलना
досл. поменять одеяние// 1. оставив одно тело перейти в другое; переродиться 2. менять обличие, перевоплощаться

चोली-दामन का साथ
неразлучный союз (говорится обычно о друзьях) //ср. не разлей вода

चौकड़ी भूल जाना
впасть в ступор из-за неожиданного препятствия (особенно когда человек спешит, опешить от неожиданности)

चौका फेरना/लगाना
своими действиями полностью испортить, погубить какое-л. дело

चौखट न झाँकना
досл. не заглядывать за порог// никогда не ходить

к кому-л. (домой) //ср. обходить стороной

चौमुखा दीया जलाना

досл. зажигать прямоугольную лампаду// объявить себя банкротом [в прежние времена торговцы в Индии в знак своего банкротства зажигали перед лавкой прямоугольную глиняную лампаду, в которй горели фитили на всех 4-х концах]

छ

छँटा हुआ

хитрец, отпетый мошенник

छक्का-पंजा भूलना

потерпев поражение, растеряться; забыть все свои уловки

छक्के छुड़ाना

победить кого-л; сильно деморализовать кого-л.

छक्के छूटना

потерпев неудачу, отчаиваться, падать духом, сникнуть

छछूँदर छोड़ना

как-будто невзначай или в шутку сказать что-л., что станет причиной спора или ссоры

छठी का दूध याद आना

переживать большие трудности, попадать в сложную ситуацию; прилагать большие усилия

छठी का राजा

1. потомственный богач 2. (ирон.) бедняк от рождения

छत्तीस का आँकड़ा

досл. число 36 [на хинди цифры ३ и ६ смотрят в противоположную сторону - отсюда это выражение]// противники; полная противоположность между двумя сторонами

छप्पर टूट पड़ना

случиться (о напасти, о большом несчастье)

छप्पर पर फूस न होना

досл. не иметь соломы на крыше// быть абсолютно нищим

छप्पर पर रखना

не считать кого-л. достойным внимания, игнорировать (в разговоре) //экв. ни в грош не ставить

छप्पर फाड़कर देना / मिलना

внезапно получить много без труда

छलनी में डाल छाज में उड़ाना

1. сильно преувеличивать что-л., придавать чему-л. незначительному большое значение // экв. делать из мухи слона 2. преувеличенно рассказывать всем о чужих недостатках

छाँह न छूने देना

беречься самому или беречь своих близких от какого-л. человека, вещи или идеи

छाँह बचाना

досл. не позволять себе или дорогим людям подходить к чьей-л. тени// обходить стороной, держаться на расстоянии; избегать контактов с больным, чтобы не заразиться

छाती उमड़ना

воспылать сильной любовью, состраданием, привязанностью к кому-л. или чему-л.

छाती कूटना

бить себя в грудь от большого горя, при трауре или от невыносимого чувства ревности, зависти //ср. сгорать от зависти или ревности

छाती छलनी होना

страдать от постоянной злобы, обиды, презрения кого-л. по отношению к себе

छाती जलना

истязать себя от ревности, зависти, горя и вынужденного сдерживания гнева внутри себя //ср. держать всё в себе; кипеть внутри

छाती ठंडी होना

освободиться от деструктивных эмоций, таких как ревность и зависть

छाती धक-धक करना

чувствовать страх, бояться, предчувствовать недоброе

छाती धड़कना

чувствовать страх, бояться, предчувствовать недоброе

छाती पर का जम

1. наглец, надоедливый человек 2. источник постоянных хлопот

छाती पर कोदों/मूँग दलना

поступать с другим так, чтобы это причиняло ему душевную боль; мучить, терзать

छाती पर पत्थर रखना/धरना

1. быть вынужденным терпеливо сносить невыносимое страдание, большую

беду 2. сдерживать, контролировать беспокойство или тревогу // экв. носить на душе камень

छाती पर साँप लोटना
мучиться от сильной зависти, ревности //ср. змею на груди пригреть

छाती पीटना
бить себя в грудь от большого горя, при трауре или от невыносимого чувства ревности, зависти //ср. убиваться

छाती फटना/बिहरना
разрываться от горя, сострадания, зависти (о сердце)

छान डालना/मारना
тщательно искать; обыскаться

छिपा रुस्तम
1. человек, обладающий скрытыми талантами или достоинствами 2. ловкий обманщик

छींकते (ही) नाक कटना
быть сильно наказанным из-за пустяка

छींटा कसना/छोड़ना/फेंकना
насмехаться, язвить, совершать словесные нападки, издеваться

छींटा देना
подстрекать, натравливать, науськивать кого-л.

छुट्टी कर देना
1. наносить кому-л. поражение в споре, гласном или негласном соревновании в любой сфере жизни 2. уволить кого-л. с работы

छुरी-कटारी रहना
враждовать, находиться в состоянии ссоры //ср. быть на ножах

छुरी चलाना/फेरना
наносить серьёзный вред, ущерб кому-л., причинять душевную боль

छुरी तेज़ करना
готовиться нанести удар, причинить вред, ущерб кому-л.

छू/छूमंतर होना
быстро уходить, исчезать, пропадать

छूत छुड़ाना
делать какую-л. работу кое-как, для видимости, лишь бы избавиться от неё //экв. делать спустя рукава

छोटा मुँह बड़ी बात
досл. из маленьких уст громкие речи// слова, неподобающие статусу говорящего //ср. не по Сеньке шапка

ज

ज़ख़्म पर नमक छिड़कना
причинять страдания уже страдающему, усугублять чьи-л. страдания //экв. сыпать соль на рану

ज़ख़्म भर जाना
уменьшиться или закончиться (о страданиях, мучениях от неприятных вспоминаний)

ज़ख़्म हरा होना
вспомнить или ощутить старые обиды, страдания

ज़टल क़ाफ़िये उड़ाना
нести околесицу, говорить ерунду

जड़ (से) उखाड़ना
уничтожить полностью // экв. вырвать с корнем

जड़ काटना/खोदना
действовать так, чтобы кто-то не смог развиваться, восстановиться, попытаться уничтожить кого-л. или нанести ему большой вред

जड़ जमना/पकड़ना
хорошо обосноваться на новой работе или на новом месте

जड़ जमाना
пытаться укорениться на каком-л. месте //экв. пустить корни

जड़ पकड़ना/जमना
хорошо обосноваться на новой работе или на новом месте

जड़ों में तेल देना
пытаться кого-л. полностью уничтожить

जन्म-घूँटी में पड़ना
привычка, приобретённая с молоком матери

जन्म हारना
1. прожить жизнь бесцельно 2. находиться под чьей-л. властью 3. посвятить всю свою жизнь кому-л.

ज़बान खुलना
1. осмелиться что-л. сказать 2. прервать молчание и начать говорить на определённую тему 3. говорить дерзко // экв. распустить язык

ज़बान खोलना
1. говорить; высказывать свою просьбу, требование 2. говорить безбоязненно и дерзко //экв. распустить язык

ज़बान चलना/चलाना
1. говорить без умолку 2. говорить без толку //ср. язык без костей

ज़बान चलाए/चलाने की रोटी खाना
зарабатывать на

пропитание, занимаясь подхалимством

ज़बान तालू से चिपकना
быть не в состоянии произнести ни слова из-за страха, смущения, удивления и т. п.

ज़बान देना
давать слово, обещать // ср. зуб даю

ज़बान पकड़ना
прерывать кого-л., не давать говорить //ср. затыкать рот

ज़बान पर चढ़ना
1. помнить наизусть
2. неосознанно твердить какое-то выражение, песню, слова и т. п. //ср. на языке вертится

ज़बान पर धरा/रखा होना
никогда не забывать о чём-л. важном //экв. быть на кончике языка

ज़बान पर होना
1. никогда не забывать о чём-л. важном 2. быть предметом разговора //ср. не сходить с языка

ज़बान पर लगाम न होना
говорить необдуманно, не думать о последствиях своих слов //экв. язык без костей

ज़बान पलटना/बदलना
отказаться от сказанного, обещанного //ср. трепать языком

ज़बान फिसलना
выболтать что-л. случайно, проговориться

ज़बान बदलना/पलटना
отказаться от сказанного, обещанного //ср. трепать языком

ज़बान बिगड़ना
досл. портиться (о языке)// 1. приобретать привычку сквернословить
2. предпочитать есть только то, что по вкусу (особенно острую еду, т. е. иметь нездоровый, испорченный вкус)

ज़बान लड़ाना
1. спорить напрасно
2. неуважительно и грубо разговаривать со старшими

ज़माना देखे होना
иметь жизненный опыт, быть опытным

ज़माना लद जाना
пройти (о временах чьего-то влияния, славы, великолепия); заканчиваться (о каком-л. тренде, направлении) //экв. прошли те времена

जमा मारना
обманом присвоить себе чьи-л. деньги; прикарманить

ज़मीन-आसमान एक करना
прилагать максимальные усилия, чтобы выполнить какую-л. работу

ज़मीन-आसमान के क़ुलाबे मिलाना
1. прилагать максимальные усилия, чтобы выполнить какую-л. трудную работу 2. применять уловки для осуществления своей цели 3. заниматься бессмысленной болтовнёй

ज़मीन दिखाना
1. наносить поражение кому-л. 2. презирать кого-л.

ज़मीन पकड़ना
проникнув куда-л. хорошо обосноваться или начать обосновываться

ज़मीन बाँधना
подготовить план действий

जल उठना
1. вспыхивать от гнева 2. завидовать

जले पर नमक/लोन छिड़कना
причинять страдания уже страдающему, усугублять чьи-л. страдания // экв. сыпать соль на рану

जले फफोले फोड़ना
1. мучить того, кто и так замучен //ср. наступать на больную мозоль 2. изливать свой гнев

जवाब दे जाना
стать негодным (о какой-л. вещи или части тела), прийти в негодность

जवाब दे देना
1. уволить с работы 2. получить отказ оттуда, откуда надеялись получить положительный ответ

जस/यश मानना
быть глубоко признательным кому-л. за его доброту или благосклонность

ज़हर उगलना
во весь голос говорить и пропагандировать вещи, которые провоцируют ненависть и вражду; говорить колкости, злословить //экв. плевать ядом

ज़हर कर देना
сделать какую-л. ситуацию или дело крайне неприятными, невыносимыми //ср. впрыснуть яду

ज़हर का घूँट पीना
1. молча терпеть унижение 2. быть вынужденным подавлять гнев, сдерживать злобу

ज़हर की पुड़िया
очень вспыльчивый, скандальный человек

विष/ज़हर घोलना
кознями портить чью-л. радостную жизнь или какое-л. успешное дело // ср. подлить яду

जाँघ उघाड़ना/नंगी करना
своим поступком, поведением позорить самого себя

जादू उतरना
освободиться от чар

जान अटकना
не выпускать кого-л., что-л. из внимания

जान के लाले पड़ना
возникать (о смертельной опасности)

जान को रोना
проклинать, вспоминать недобрым словом того, кто причинял страдания, вред

जान खाना
надоедать разговорами или расспросами, донимать, изводить, приставать к кому-л. с постоянными просьбами, напоминаниями //экв. проедать мозги, капать на мозги

जान छिड़कना
1. любить кого-л. больше жизни 2. любя кого-л., быть готовым пожертвовать жизнью ради него

जान छुड़ाना
найти выход, чтобы избавиться от ответственности, выйти из трудного положения

जान देना
любя кого-л., быть готовым пожертвовать жизнью ради него

जान निकलना
1. сильно (как смерти) бояться, пугаться кого-л., чего-л. 2. (ирон.) жадничать, не желать отдавать что-л., тратиться на что-л.

जान पर (आ) बनना
1. попадать в большую беду 2. оказываться в ситуации, когда приходится подвергать жизнь опасности, балансировать на грани

जान पर नौबत आना
1. попадать в большую беду 2. оказываться в ситуации, когда приходится подвергать жизнь опасности, балансировать на грани

जान फूँकना
1. вдыхать жизнь
2. вселять надежду, воодушевлять, придавать силы

जान मारना
делать или заставлять делать непосильную работу

जान में जान आना
вздохнуть с облегчением после устранения причин тревоги; успокаиваться

जान लड़ाना
стараться делать что-л. изо всех сил, напрягаться

जान लेना
сильно терзать, изводить кого-л. эмоционально //ср. вынуть душу

जान सूखना

1. остолбенеть от испуга, быть вне себя от тревоги 2. страдать от зависти

जान सूली पर होना

чувствовать сильную тревогу, как будто жизнь висит на волоске

जामे से बाहर होना

терять контроль над собой из-за чрезмерного гнева или радости; быть вне себя от каких-то чувств

जाल फैलाना/बिछाना

1. применять хитрый ход, соблазнять, чтобы завлечь кого-л. в свои сети и обмануть //ср. расставлять сети 2. выстраивать цепочку из людей (например, так делает полиция с целью поймать кого-л.)

ज़िंदगी से खेलना

не думать о потенциально фатальных последствиях своих действий //ср. играть жизнью

जी का बुख़ार निकालना

высказать всё, что накопилось на душе о ком-л., о чём-л.; облегчить душу, вывернуть себя наизнанку

जी की जी में रहना

остаться неисполненным (о каком-л. желании)

जी खट्टा होना

чувствовать неприязнь к кому-л. из-за его недостойного поведения

जी चुराना

уклоняться от какого-л. дела, отлынивать от своих обязанностей

जी छोटा करना

1. терять мужество, проявлять малодушие в момент беды 2. грустить или расстраиваться из-за разочарования или неудачи 3. отнимать, лишать кого-л. надежды 4. скупиться

जी जलना

мучиться от зависти, ненависти, злости

जी जलाना

мучить себя или кого-л. из-за страданий, зависти, ненависти, вражды

जी-जान लड़ाना

стараться изо всех сил сделать что-л., приложить все усилия

जी दुखना

чувствовать боль в сердце из-за чего-л., кого-л.

जी दुखाना

причинять кому-л. душевное страдание, заставлять страдать

जी बिगड़ना

1. чувствовать неприязнь к кому-л.; появляться (о

дурном чувстве к кому-л.)
2. чувствовать тошноту

जी बैठा जाना

беспокоиться, тревожиться; терять душевные силы и энтузиазм от снедающих забот, страхов, горя; //ср. падать духом

जी भर जाना

пресытиться чем-л., кем-л. (едой, чтением, общением и т. п.) и потерять к этому интерес //экв. наесться досыта

जी भारी होना

1. печалиться или грустить из-за какого-л. неприятного происшествия, новости и т. п. 2. чувствовать себя плохо из-за физической усталости, чрезмерного умственного напряжения или депрессии
3. волноваться или напрягаться, опасаясь какого-л. несчастья

जी रखना

не желая расстраивать, обижать кого-л., исполнять его желание, просьбу, каприз

जी लगना

1. стать привычным и полюбиться (о каком-то месте, компании, деле)
2. с интересом, душой заниматься каким-то делом //экв. душа лежит
3. влюбиться в кого-л.

जीती मक्खी निगलना

досл. проглотить живую муху// 1. намеренно, понимая последствия, поступать неправильно, нечестно, дурно
2. делать что-л., не думая о последствиях

जीते जी मर जाना

из-за большого горя, потрясения и т. п. полностью отчаяться //ср. упасть духом

जीभ चलना

1. много говорить, нести чушь //экв. трепать языком 2. иметь желание попробовать разные блюда

जीभ तालू से लगना

1. замолкать от ошеломления 2. потерять дар речи //ср. проглотить язык

ज़ुल्म ढाना

1. совершать жестокость, насилие 2. удивлять, очаровывать людей, каким-л. своим качеством (красотой, мастерством и т. п.)

जूठे हाथ से कुत्ता न मारना

быть крайне скупым

जूता उछलना/चलना

ругаться последними словами, ссориться или драться

जूता उठाना
1. пресмыкаться перед кем-л., прислуживать; льстить 2. быть постоянно готовым к драке, ссоре // ср. кидаться тапками

जूता चलना/उछलना
ругаться последними словами, ссориться или драться

जूता चाटना
пресмыкаться перед кем-л., прислуживать; льстить //ср. быть лизоблюдом

जूता पड़ना
получать сильное порицание, ругань, презрение

जूता मारना
грубо говорить с кем-л; дать достойный ответ на чьё-то неуместное высказывание

जूतियाँ चटकाते फिरना
бегать целыми днями в поисках дела, заработка; слоняться без дела

जूतियाँ सीधी करना
1. служить кому-л. из почтения, веры или уважения 2. льстить кому-л. 3. оказывать кому-л. унизительную для себя услугу, пресмыкаться

जूतियों दाल बँटना
сильно ругаться; возникать (о ссоре)

जूती (के) बराबर न होना
принижать себя из вежливости или льстить кому-л.

जूते की नोक पर रखना/मारना
ни во что не ставить кого-л.; считать ничтожеством, недостойным внимания, быть высокомерным

जूतों दाल बँटना
сильно ругаться; возникать (о ссоре)

जेब गरम करना
1. давать взятку 2. незаконно зарабатывать, брать взятку //ср. греть карман

जोत में जोत समाना
достигать слияния души с высшей душой (Богом), обрести нирвану

ज़ोर पकड़ना/बाँधना
разгораться, усиливаться

जौहर खुलना
быть проявленными, очевидными окружающим (о способностях, достоинствах, недостатках, дефектах и т. п.)

ज्ञान छाँटना/झाड़ना/बघारना
выставлять напоказ свою учёность (при выступлении, споре и т. п.), ставить себя выше остальных, выпячивать себя

झ

झंडा खड़ा करना
объединять людей для какой-л. большой цели

झंडा गाड़ना/फहराना
1. заявлять о своей власти где-л. 2. успешно демонстрировать или заявлять о своих способностях

झंडे के नीचे आना
объединяться под знаменем; принимать какую-л. идеологию и быть готовым делать ради неё всё //ср. стать под флаг

झंडे तले आना
объединяться под знаменем; принимать какую-л. идеологию и быть готовым делать ради неё всё //ср. стать под флаг

झंडे तले की दोस्ती
случайное, шапочное знакомство

झंडे पर चढ़ाना
портить чьё-л. доброе имя

झख मारना
1. впустую тратить время, делая дело, безрезультатность которого заранее ясна 2. делать что-л. совсем неохотно из-за давления

झगड़ा मोल लेना
понапрасну ввязываться в ссору, дрязги

झड़बेरी का काँटा
колкий человек; забияка, спорщик

झाँईं देना/बताना
1. обманывать, выдумывая отговорки 2. незаметно уходить

झाँईं-माँईं होना
пропадать из виду, испаряться

झाड़ू फिरना
быть полностью уничтоженным, растраченным, ограбленным

झाड़ू फेर देना
полностью уничтожить что-л.

झूठा पड़ना
стать неспособным выполнять предписанную функцию (о каком-л. предмете или части тела)

झोली बुझाना
делать что-л. для вида, когда это уже не надо

झोली भरना
исполнять чьё-л. благое желание, обогащать кого-л.

ट

टक लगाना
надеяться, полагаться, расчитывать на кого-л.; ждать помощи, поддержки от кого-л.

टकसाल का खोटा
человек с вредным, дурным характером от рождения; человек низкого происхождения

टकसाल चढ़ना/चढ़ा होना
считаться экспертом в чём-л.

टकसाल चढ़ाना
определять достоинства и недостатки кого-л., чего-л.

टका-सा जवाब देना
1. сразу же с пренебрежением отказывать кому-л.
2. избегать отвечать на любые вопросы под предлогом незнания; притворяться незнающим
3. категорически отказываться делать что-л.

टका-सा मुँह लेकर रह जाना
получив отказ, отпор, упрёк замолчать, быть не в состоянии сказать что-л. от стыда или растерянности

टके का आदमी
1. нищий человек
2. никчёмный, ничтожный человек

टक्कर लेना
соперничать, состязаться с кем-л.

टट्टी की आड़/ओट से शिकार खेलना
1. плести интриги, строить козни против кого-л. 2. скрытно, втайне делать дурное дело

टट्टी में छेद करना
досл. делать дырку в ширме// терять стыд

टट्टू पार होना
быть достигнутой (о цели); успешно завершиться несмотря на недостаточность имеющихся средств или при маловероятности (о деле)

टन होना
(вульг.) скоропостижно скончаться

टपक पड़ना
неожиданно, вдруг явиться //экв. упасть с неба; свалиться как снег на голову

टर-टर करना/लगाना
вести пустые разговоры; говорить чушь

टस से मस न होना
не поддаваться просьбам, уговорам; стоять на своём

टाँके उधड़ना
совсем расклеиться

टाँग अड़ाना
1. без надобности вмешиваться в чужие дела
2. рассуждать о том, в чём не разбираешься 3. чинить препятствия в каком-л. деле

टाँग के नीचे से निकलना
признавать своё поражение; осознать свою неполноценность

टाँग खींचना
подшучивать над кем-л., ставить кого-л. в неловкое положение, высмеивать

टाँग तोड़ना
из-за недостатка знаний портить что-л. (искусство, язык, науку и т. п.)

टाँट के बाल उड़ना
1. потратить всё до копейки; обанкротиться
2. получать хорошую трёпку

टाँट/खोपड़ी खुजलाना
досл. почесать голову// 1. своим поведением, поступками заслуживать трёпки, наказания 2. быть не в состоянии понять что-л., быть озадаченным //экв. чесать затылок

टाँट गंजी होना
1. потратить всё до копейки; обанкротиться
2. получать хорошую трёпку

टाँय-टाँय फिस होना
не достигать результата в резонансном деле; начав с помпой, кончить пшиком //ср. начать за здравие, закончить за упокой

टाट उलटना
объявить о своём банкротстве (о ростовщике)

टाट बाहर होना
быть исключённым из общины

टुकड़ा तोड़ जवाब देना
категорически отказывать кому-л. в просьбе помочь, содействовать в чём-л.

टुकड़ा-सा/टुक्का-सा जवाब देना
категорически отказывать кому-л. в просьбе помочь, содействовать в чём-л.

टुकड़ा/टुकड़े माँगना
униженно молить, просить милостыню

टुकड़े तोड़ना
утратив достоинство жить на заработки других; быть полностью зависимым от кого-л.

टुकड़ों पर पलना/रहना
утратив достоинство жить на заработки других; быть полностью зависимым от кого-л.

टें बोलना/होना
1. умереть скоропостижно
2. полностью или частично прийти в негодность

टेक गहना/पकड़ना
1. принимать твёрдое решение делать что-л.; обещать, давать клятву
2. упорствовать, настаивать на своём

टेढ़ा/टेढ़े पड़ना
1. пытаться давить

на кого-л., показывая своё превосходство, высокомерие 2. вести себя грубо, резко

टेढ़ी खीर
трудновыполнимая задача

टेढ़े-टेढ़े चलना/जाना
горделиво, надменно держаться; зазнаваться; проявлять высокомерие

टोटका करने आना
уходить сразу же, не задерживаясь там, куда пришёл или собираться идти обратно

टेनी मारना
недовешивать товар при продаже

टोपी उछालना/उतारना
публично высмеивать, клеветать или оскорблять уважаемого человека или семью

टोपी पहनाना
ловко обманывать (особенно в бизнесе, финансовых делах)

टोपी/पगड़ी बदलना
досл. обмениваться шапками// брататься

ठ

ठंडा पड़ना/होना
1. умереть 2. убывать, теряться (об интересе, энтузиазме и т. п.) 3. замирать (о рынке, торговле) 4. успокаиваться

ठंडी साँस भरना/लेना
1. унывать, терять надежду 2. выражать горе 3. сожалеть

ठगा-सा रह जाना
остолбенеть от изумления

ठठेरे की बिल्ली
1. невозмутимый, напористый, наглый человек 2. человек, который гнёт свою линию

ठठेरे-ठठेरे बदलाई
два плута пытаются перехитрить друг друга

ठन-ठन गोपाल
нищий

ठाट/ठाठ बदलना
изменить свой внешний вид или начинать вести себя иначе, чтобы продемонстрировать или утвердить свою силу, важность, превосходство и т. п.

ठाट/ठाठ बाँधना
притворяться важным человеком; напускать на себя важность, авторитет

ठाट/ठाठ माँजना
изменить свой внешний

вид или начинать вести себя иначе, чтобы продемонстрировать или утвердить свою силу, важность, превосходство и т. п.

ठाला बताना
вместо того, чтобы выполнять просьбу просителя, занимать его разговорами, а затем прогнать с пустыми руками; прогонять назойливого просителя ни с чем

ठाली देना
вместо того, чтобы выполнять просьбу просителя, занимать его разговорами, а затем прогнать с пустыми руками; прогонять назойливого просителя ни с чем

ठिकाना न होना
1. ни в чём не испытывать недостатка 2. не иметь уверенности в ком-л., в чём-л.

ठिकाने आना
начать понимать реальность

ठिकाने लगना
добывать средства к существованию; найти подходящее место

ठिकाने लगाना
1. обеспечивать чью-л. жизнь и средства к существованию
2. доставить предмет в нужное место; организовать что-л. таким образом, чтобы это можно было использовать с пользой 3. убить; уничтожить

ठीकरा फोड़ना
обвинять, порочить кого-л.

ठीकरा समझना
считать что-л., кого-л. ничтожным

ठेंगा दिखाना
1.сначала обнадёжив кого-л., отказать
2. дразнить кого-л. (при неудаче) //экв. показывать кукиш

ठेंगा बजना
терпеть фиаско, позорную неудачу

ठेंगा बजाना
происходить, случаться (о драке с применением палок)

ठोकर खाना
страдать от последствий своей неосторожности, обманываться

ठोकरें खाते फिरना
скитаться, попав в беду, терпя унижения

ठोकरों पर पड़ा रहना
зарабатывать на жизнь, прислуживая кому-л. и терпя от него унижения, быть зависимым от кого-л.

ठोड़ी/ठोढ़ी पकड़ना
досл. брать за подбородок// 1. умолять
2. льстить

ड

डंका पिटना
прославиться, быть обсуждаемым

डंका पीटना
пропагандировать

डंका बजना
иметь влияние, власть, силу

डंका बजाना
прославлять себя; распространять известие о своём или чьём-л. достижении

डंके की चोट (पर) कहना
говорить или делать что-л. открыто, с вызовом объявив об этом

डंड पेलना
жить в своё удовольствие

डंडे बजाते फिरना
слоняться без дела //экв. бить баклуши

डंडी मारना
недовешивать

डकार तक न लेना
запросто присвоить чужое имущество или деньги

डीठ/नज़र चुराना
избегать кого-л. из-за застенчивости, смущения или страха

डीठ बाँधना
досл. запереть взгляд// ввести кого-л. в заблуждение, создать иллюзию

डुबकी लगाना
внезапно исчезнуть на короткий период времени

डूब जाना
досл. утопиться// быть уничтоженным (о деле, плане, достатке)

डूब मरना
досл. утопиться// сгорать со стыда, чувствовать крайнее недовольство собой из-за своего поступка

डेढ़ ईंट की मसजिद अलग/जुदा बनाना
1. делать что-л., держась подальше от других из-за упрямства или высокомерия 2. иметь совершенно другое мнение по какому-л. вопросу

डेढ़/ढाई चावल की खिचड़ी (अलग) पकाना
1. делать что-л., держась подальше от других из-за упрямства или высокомерия 2. иметь совершенно другое мнение по какому-л. вопросу

डेढ़ पसली का पहलवान
на вид худощавый, тщедушный человек, но очень решительный (в отрицательном плане драчун, в положительном способный повести людей за собой)

डोर मज़बूत होना
досл. верёвка крепка// быть долгожителем //ср. есть порох в пороховницах

डोर/डोरी ढीली छोड़ना
ослабить контроль, дать небольшую свободу

डोरे डालना
завлекать кого-л. в любовные сети

डोला देना
1. из-за нехватки средств, устраивать свадьбу дочери в деревне или городе жениха [в Индии традиционно свадебная церемония проходит в доме невесты] 2. выгодно выдавать дочь замуж

डौल पर लाना
придать чему-л. лучший вид путём небольших изменений; расположить кого-л. к себе, вывести кого-л. на правильную дорогу

ढ

ढंग पर चढ़ना
попавшись на чью-л. уловку, стать его помощником в каком-л. деле, поддаваться уговорам

ढंग पर लाना
подстраивать кого-л. под себя для собственных интересов

ढई देना
1. засесть где-л. и не собираться уходить, не добившись выполнения своей цели 2. тратить много времени на выполнение довольно простых задач

ढपोरशंख
человек много хвастающий, но ничего не делающий

ढाक के तीन पात
1. человек, который никогда не меняется
2. человек, который всегда отстаётся бедным
3. малочисленная семья

ढिंढोरा पीटना
распространяться везде и всюду //экв. бить во все барабаны

ढेर करना
убить

ढेर हो जाना
скончаться, разрушиться

ढोल पीटना
распространяться везде и всюду

त

तक़दीर चमकना/जागना
благоволить (о судьбе), улыбаться (о счастье)

तक़दीर फूटना/बिगड़ना
отвернуться (об удаче, о хороших временах, счастье и т. п.)

तकले से बल निकालना
сбивать с кого-л. спесь //ср. поставить на место

तख़्त का तख़्ता हो जाना
потерять всё, полностью утратить высокое положение, пасть //ср. оказаться на мели

तख़्ता उलटना
в последний момент, когда чужое дело почти завершено, испортить, погубить его //ср. пустить прахом; разрушить чей-л. установленный распорядок

तन जाना/बैठना
обижаться, проявлять высокомерие, своенравность

तन तोड़ना
1. потягиваться 2. самому заниматься или заставлять кого-л. заниматься тяжёлым физическим трудом //ср. тянуть жилы

तबीयत आना
западать на что-л., кого-л.; загораться сильным желанием; влюбляться

तबीयत फड़क उठना
сильно обрадоваться, увидев что-л. очень хорошее или любимого человека //экв. расцвести от радости

तबीयत भर जाना
"насытиться чем-л., кем-л. (едой, чтением, общением и т. п.) и потерять интерес к этому //экв. наесться досыта"

तबीयत लगना
1. чувствовть влечение к кому-л., влюбиться
2. иметь интерес к чему-л., с душой заниматься каким-л. делом //ср. душа лежит к чему-л.
3. привыкнуть и начать испытывать симпатию (к месту, компании, делу)

तबीयत हरी होना
1. сильно обрадоваться, увидев что-л. очень хорошее или любимого человека //экв. расцвести от радости 2. обрадоваться сразу после сильного расстройства

तरह देना
1. не обращать внимания на чьи-л. ошибки; пренебрегать чем-л.; игнорировать чьё-л. предложение, вызов,

приглашение, шутку, просьбу и т. п.
2. откладывать какое-л. дело, прибегая к отговоркам //ср. отложить в долгий ящик; увиливать, уклоняться

तलवार की धार पर चलना/दौड़ना
решать рискованную и сложную задачу, совершать невозможное, трудное дело //ср. ходить по лезвию ножа

तलवार म्यान से बाहर रहना
быть всегда готовым ввязаться в драку //ср. держать кулаки в кармане

तलवे चाटना/सहलाना
досл. лизать чью-л. подошву// льстить, заискивать, пресмыкаться, угодничать, лебезить //ср. смотреть в рот

तलवों तले मेटना
1. стереть в порошок кого-л. 2. высокомерно игнорировать какие-л. правила или приказы, пренебрегать

तलवों से आँखें मलना
проявлять к кому-л. почёт и уважение, оказывать большое гостеприимство

तले की दुनिया ऊपर होना
"1. выходить на поверхность (о фактах, обстоятельствах)
2. совершаться (о том, что ранее казалось невозможным)"

तवा सिर से बाँधना
предпринять все меры предосторожности, чтобы выдержать удар, нападение

तवे की बूँद
досл. капля на сковороде// что-л. преходящее, недолговечное, мимолётное, незначительное

तह तक पहुँचना
1. докапываться до фактов, раскрывать тайну; понять реальное положение вещей //экв. дойти до сути 2. влезать, вникать в чью-л. душу

तह तोड़ना
устранять корень проблемы, спора

ताक पर धरना/रखना
отложить какое-л. дело, не видя необходимости в его исполнении или убрать какую-л. вещь, ненужную в данный момент //ср. откладывать в долгий ящик

ताक में बैठना
ждать удобного момента для совершения чего-л.; сидеть в засаде //экв. ждать своего часа

ताक में रहना/होना
высматривать, выжидать подходящего момента; подыскивать место,

подходящее для
совершения чего-л.

ताक लगाना
ждать удобного момента для совершения чего-л.; сидеть в засаде //экв. ждать своего часа

ताज़िया ठंडा होना
1. потерять надежду, пыл, энтузиазм 2. сдасться после малейшей неудачи

तार-तार करना
рвать в клочья, крушить // экв. разнести вдребезги

तार टूटना
прерываться (о контакте с кем-л., о последовательности, преемственности чего-л.); возникать (о препятствии в продвигающейся работе)

तारे गिनना
проводить бессонную ночь из-за гложащих забот, мучительных мыслей

तारे तोड़ लाना
делать что-л. необычное, невозможное, требующее невероятной смелости //ср. достать звезду с неба

तारे दिखाई देना
появляться (о мушках перед глазами - от слабости или от удара)

ताली पिटना
высмеивать кого-л., попавшего в нелепую, неловкую ситуацию

तालू में दाँत जमना
заняться неблаговидным или сложным делом, которое в результате принесёт вред делающему

तालू में दाँत निकलना
появляться (о знаках беды)

तालू से जीभ न लगना
слишком много болтать, говорить без умолку //ср. язык без костей

ताव में आना
впасть в приступ гнева

तिनका गहना/(दाँतों में) पकड़ना
досл. брать былинку в зубы// униженно просить о чём-л.; выпрашивать прощение, защиту //ср. хвататься за соломинку

तिनके चुनना
потеряв рассудок от разлуки или горя, проводить дни за пустопорожними делами

तिल का ताड़ करना
сильно раздувать, преувеличивать какое-л. незначительное дело //ср. делать из мухи слона

तिलांजलि देना
1. порвать связь с кем-л. [часть посмертного ритуала у индуистов, при котором родные берут в ладони горсточку семян кунжута и воду и выливают это от имени покойника] 2. отказаться навсегда от

чего-л. (напр., от дурных привычек) //ср. сжечь мосты; положить конец

तीन-तेरह करना
1. сеять рознь, вражду внутри какого-л. сообщества //ср. вносить раскол 2. раскидывать что-л., разгонять (о толпе)

तीसमार-ख़ाँ
(ирон.) большой храбрец

तुर्की तमाम होना
слетать с кого-л. (о спеси)

तुर्की-ब-तुर्की जवाब देना
отвечать ударом на удар

तू-तू मैं-मैं करना
браниться, ругаться, пререкаться, ссориться

तू-तड़ाक करना
1. говорить с кем-л. пренебрежительно или грубо 2. доверительно говорить с близким человеком

तूती बोलना
досл. о ком-л., о чём-л. трубы трубят// пользоваться всеобщей славой и влиянием

तूफ़ान उठाना
затевать скандал, чтобы выразить недовольство // ср. наделать шума

तूफ़ान खड़ा करना
затевать скандал, чтобы выразить недовольство // ср. наделать шума

तूल खींचना/पकड़ना
затягиваться (о деле, споре и т. п.)

तूल देना
без надобности затягивать незначительный спор, неважное дело и т. п.

तृण गहना/पकड़ना
униженно просить о чём-л.; выпрашивать прощение, защиту //ср. хвататься за соломинку

तृण तोड़ना
порвать навсегда связь с кем-л.

तेरा-मेरा करना
делить вещи, людей на своё и чужое; сеять рознь

तेवर चढ़ना/बदलना
хмуриться, сердиться, быть недовольным

तेवर बिगड़ना
1. терять чувство привязанности к кому-л.; ухудшить отношения 2. появляться на лице (о признаках смерти)

तोता पालना
1. запускать болезнь, ситуацию 2. не отказываться от дурных привычек 3. браться за какую-л. работу, из-за которой человек не может выполнять другую работу

तोते की तरह आँखें फेरना/बदलना
досл. отвернуться, как попугай// 1. забыв всё

добро, отворачиваться от кого-л.; поступать вероломно //ср. проявлять чёрную неблагодарность 2. быть неблагодарным [считается, что покинув клетку, попугай даже не смотрит ни на клетку, ни на хозяина]

तोबड़ा चढ़ाना/लगाना
затыкать кому-л. рот

तोबा/तौबा करना
давать обет, клясться, зарекаться больше никогда не делать чего-л.

तोबा-तिल्ला करना/मचाना
1. слёзно обещать, клясться больше не делать чего-л. 2. притворно плакать, кричать, молить о помощи, прикидываться жертвой

त्योरी चढ़ना/बदलना
хмуриться, сердиться, быть недовольным

त्योरी में बल पड़ना
хмуриться, сердиться, быть недовольным

थ

थपड़ी पीटना/बजाना
шумно высмеивать кого-л.

थाली का बैंगन
человек, не имеющий твёрдых убеждений, беспринципный; приспособленец

थाली बजाना
досл. бить в поднос// 1. во всеуслышание объявлять о каком-л. радостном событии [в Индии был обычай: при рождении мальчика папина сестра била в металлическую тарелку, оповещая всех о новорожденном] //ср. звонить во все колокола 2. отпугивать кого-л. (напр., животных)

थाह लगाना/लेना
осознавать реальное положение вещей

थुड़ी-थुड़ी/थू-थू करना
порицать, упрекать кого-л.

थुड़ी-थुड़ी/थू-थू होना
получать всеобщее порицание, подвергаться сильной критике

थूक उछालना/बिलोना
вести бесполезную перепалку, сплетничать, болтать много пустопорожнего //ср. чесать языком; брызгать слюной

थूककर चाटना
не держать слово, отказываться от своего слова; забрать обратно отданную вещь

थूकों सत्तू सानना
1. из скупердяйства стараться делать какое-л. дело самыми минимальнми средствами 2. располагая минимальными средствами и возможностями, браться за сложное дело

थैली (का मुँह) खोलना
щедро тратить

थोथे तीरों उड़ाना
досл. расстреливать тупыми стрелами// сильно мучить кого-л., сурово наказывать

द

दक़ीक़ा उठा/बाक़ी न रखना
прилагать все усилия, чтобы выполнить какую-л. задачу //экв. делать всё возможное

दबा बैठना/लेना
пользуясь своим преимуществом, силой присвоить и не возвращать чужое //экв. прибрать к рукам

दम अटकना
прерываться (о дыхании при близости смерти); испускать последний дух

दम उखड़ना
1. прерываться (о дыхании) 2. быть при смерти

दम उलझना/उलटना
задыхаться от сильного волнения, беспокойства

दम खाना/खींचना
набравшись терпения, хранить молчание, не отвечать

दम चुराना
затаивать дыхание, притворяться мёртвым

दम टूटना
прерываться (о дыхании в момент смерти)

दम तोड़ना
умирать

दम फ़ना होना
остолбенеть, впасть в ошеломление от удивления, страха, зависти //ср. дыхание спёрло

दम बंद करना
затыкать рот, не давать говорить, заставить замолчать

दम बंद होना
из-за чувства смущения, стыда, страха молчать, не произносить ни слова

दम भरना
1. заявлять о своей или чьей-л. способности, возможности сделать что-л. 2. заявлять о полной вере в чью-л. дружбу, любовь

दम मारना
1. переводить дух, приходить в себя после напряжённого труда
2. затягиваться, куря из традиционной глиняной трубки с марихуаной; курить (особенно о наркотиках)

दम में दम आना
избавившись от волнений, успокаиваться //ср. приходить в себя

दम में दम रहना/होना
оставаться в живых

दम लगाना/मारना
затягиваться, куря из традиционной глиняной трубки с марихуаной; курить (особенно о наркотиках)

दम साधना
замолкать, затаивать дыхание, притворяться мёртвым

दम सूखना
сильно испугаться, быть очень напуганным

दम सूली पर होना
1. быть в состоянии большого беспокойства
2. нависать (об опасности для жизни) //ср. жизнь висит на волоске

दमड़े करना
при убытке в торговле стараться выручить хоть какие-то деньги, продавая всё по дешёвке

दमड़ी का पूत
никчёмный, ни на что не способный человек

दमड़ी के तीन होना
быть очень дешёвым, стоить гроши; быть никчёмным //ср. гроша ломаного не стоит

दर-गुज़र करना
не обращать внимания на чьи-л. слова, игнорировать их; простить и забыть недоразумение, обиду и т. п.

दर-दर की ठोकरें खाना
1. скитаться, попав в беду, терпя унижения 2. обивать пороги в поисках кого-л., чего-л.

दरवाज़े की मिट्टी खोद डालना
постоянно ходить куда-л., обивая пороги, надоедать

दरिया को कूज़े में बंद करना
1. в нескольких словах сказать о многом; выражать глубокие чувства, мысли в немногих словах 2. совершать

невозможное

दर्ज़ी की सुई
умелец, мастер своего дела

दलदल में फँसना
попадать в такое затруднительное положение, из которого не видно выхода //ср. попал в трясину

दसवाँ द्वार खुलना
1. терять рассудок, совершенно растеряться 2. умереть

दहलीज़ का कुत्ता
приспешник, холуй

दहलीज़ की मिट्टी ले जाना/डालना
постоянно ходить куда-л., обивая пороги, надоедать

दाँत काढ़ना
1. застенчиво смеяться или скрывать свой комплекс неполноценности //ср. скалить зубы 2. умолять, проявлять смирение, униженно просить

दाँत काटी रोटी होना
быть очень близкими, закадычными друзьями // ср. не разлей вода

दाँत किरकिरे होना
терпеть полное поражение на соревновании, конкурсе и т. п.

दाँत खट्टे करना
победить кого-л. полностью в каком-л. соревновании

दाँत गड़ाना
зариться на что-л.; положить глаз на чужое; ждать удобного момента заполучить желаемую вещь

दाँत चबाना
приходить в ярость, негодовать

दाँत दिखाना
1. застенчиво смеяться или скрывать свой комплекс неполноценности //ср. скалить зубы 2. умолять, проявлять смирение, униженно просить
3. выражать крайний гнев по отношению к кому-л.

दाँत निकालना
1. застенчиво смеяться или скрывать свой комплекс неполноценности //ср. скалить зубы 2. умолять, проявлять смирение, униженно просить

दाँत पीसना
приходить в ярость, негодовать

दाँत पीसकर रह जाना
страдать от гнева из-за беспомощности //экв. скрежетать зубами

दाँतों (तले) उँगली काटना/दबाना
быть крайне удивлённым, поражённым

दाँतों पर मैल न होना
быть бедным, неимущим

दाँतों में ज़बान/जीभ की तरह होना
быть окружённым врагами, испытывать постоянную

опасность

दाँतों में तिनका गहना/पकड़ना
досл. брать былинку в зубы// униженно просить о чём-л.; выпрашивать прощение, защиту

दाँतों (में) पसीना आना
быть вынужденным много трудиться //ср. работать сжав зубы

दाँतों से पकड़ना
быть очень скупым, прижимистым

दाँया/दायाँ/दाहिना हाथ होना
быть чьей-л. правой рукой

दाँव करना/खेलना
пускаться на хитрости; строить козни

दाँव चूकना
упускать подходящий случай, момент для совершения чего-л.

दाँव पर आना/चढ़ना
попавшись на чью-л. уловку, исполнять его волю

दाँव पड़ना/लगना
улучить момент; увенчаться успехом, удаваться (о хитрости, плане, уловке)

दाँव पर रखना/लगाना
рисковать всем

दाई से पेट छिपाना
пытаться утаить что-л. от того, кому это уже известно

दाद देना
справедливо хвалить кого-л. за его работу //ср. отдать должное

दाना-पानी उठना
быть вынужденным покинуть какое-л. место из-за обстоятельств

दामन छुड़ाना
1. порвать связь с кем-л., с каким-л. делом, организацией
2. избавляться от назойливого человека

दामन पकड़ना
в трудной ситуации искать убежища у того, кому можно доверять //ср. найти приют

दामन पसारना/फैलाना
просить о милости, помощи и т. п.

दायाँ /दाँया/दाहिना हाथ होना
быть чьей-л. правой рукой

दाल गलना
удаваться (о хитрости, уловке)

दाल में कुछ काला होना
подозревать неладное

दाल-रोटी चलना
жить впроголодь //ср. перебиваться с хлеба на воду

दाहिना/दाँया/दायाँ हाथ होना
быть чьей-л. правой рукой

दिन को/में तारे दिखाई देना
растеряться, терять разум от неожиданного

удара (физического или психологического)

दिन को दिन और रात को रात न समझना
работать, не зная отдыха; отдавать всего себя какому-л. делу

दिन दूना रात चौगुना बढ़ना/होना
развиваться быстрыми темпами //ср. расти не по дням, а по часам

दिन पूरे करना
как-нибудь переживать трудное, тяжёлое время; кое-как доживать свой век

दिन पलटना/फिरना/बहुरना
наступать (о хороших временах, счастливых днях)

दिमाग़ आसमान पर होना
считать себя выше или лучше всех, сильно зазнаваться //экв. задирать нос

दिमाग़ खाना/चाटना
доводить, изводить кого-л. разговорами, расспросами, постоянными просьбами, напоминаниями //экв. проедать мозги

दिमाग़ ख़ाली करना
1. затрачивать много умственной энергии
2. ломать голову; уставать, растолковывая кому-л. какой-то вопрос

दिमाग़ चढ़ना
считать себя выше или лучше всех, сильно зазнаваться //экв. задирать нос

दिमाग़ चाटना/खाना
доводить, изводить кого-л. разговорами, расспросами, постоянными просьбами, напоминаниями //экв. проедать мозги

दिमाग़ सातवें आसमान पर होना
считать себя выше или лучше всех, сильно зазнаваться //экв. задирать нос

दिल आना
1. нравиться //ср. быть по душе 2. чувствовать влечение к кому-л.

दिल कड़ा करना
собираться с духом, чтобы пережить трудности, невзгоды или принять какое-л. жестокое решение //экв. скрепя сердце

दिल कबाब होना
горевать из-за постоянных неприятностей; переживать сильное чувство зависти, ревности

दिल का ग़ुबार/बुख़ार निकालना
облегчать душу, поделившись с кем-л. тем, что наболело; отводить душу

दिल का बादशाह
человек широкой души, добрый, милосердный

दिल की आग बुझना

чувствовать удовлетворение, успокоение, избавившись от того, что долго терзало

दिल की कली खिलना

радоваться успехам близкого и дорогого человека, расцветать от радости

दिल की गाँठ/घुंडी खोलना

1. устранять недоразумения, улаживать спор, конфликт
2. открывать душу

दिल खोलना

открыто выражать свои чувства, раскрывать душу

दिल (का) गवाही देना

лежать к какому-л. делу (о сердце, душе)

दिल जलना

мучиться от горя, зависти, ненависти //ср. сгорать от ненавести

दिल टूटना

из-за какого-л. печального события терять надежду, желание делать что-л., отчаиваться //ср. сердце разбито

दिल डूबना

чувствовать беспокойство, тревогу по какому-л. поводу

दिल पकड़े फिरना

не находить себе места; терять голову из-за чувства сильной привязанности, любви к кому-л.

दिल फिरना

чувствовать неприязнь к кому-л. из-за его недостойного поведения; не чувствовать прежней симпатии к кому-л., стать равнодушным

दिल बाग़-बाग़ होना

сильно радоваться, ликовать, увидев или узнав что-л. очень приятное

दिल बैठ जाना

падать духом, приходить в отчаяние //ср. опустить руки

दिल भर आना

1. до слёз проникнуться жалостью, состраданием, растрогаться до слёз 2. быть переполненным чувствами благодарности и признательности

दिल में घर/जगह करना

1. стать любимцем кого-л., благодаря своим качествам 2. завоевать сердце, оставить глубокий след в душе (о чьих-л. словах, действиях и т. п.)

दिल मैला करना

появляться (о недобрых чувствах к кому-л.), питать недобрые чувства к кому-л.

दिल रखना

удовлетворить или осчастливить кого-л., исполнив его желание или просьбу

दिल लगना

1. чувствовть привязанность к кому-л.
2. привыкнуть и начать испытывать симпатию (к месту, компании, делу) //ср. душа лежит к чему-л.

दिल लेना

покорять чьё-л. сердце; завоёвывать чью-л. любовь и уважение

दिल से उतरना/गिरना

терять уважение, привязанность, любовь к кому-л., чему-л. //ср. терять интерес

दीठ खा जाना

иметься (о вредных или фатальных последствиях сглаза)

दीठ/डीठ/नज़र चुराना

избегать кого-л. от чувства смущения, страха, стыда и т. п., стараться не попадаться кому-л. на глаза

दीठ पर चढ़ना

быть объектом всеобщего внимания

दीठ बाँधना

искажать чью-л. картину мира

दीठ मारी जाना

не знать, не ведать того, что происходит перед глазами

दीदा धोकर पी जाना

потерять стыд, вести себя бесстыдно

दीया ठंडा करना

тушить, гасить лампаду, свечу [это выражение используется кассательно лампад, которые горят в святых местах, в местах поклонения или при благоприятных случаях]

दीया ठंडा होना

1. угаснуть (о роде после смерти сына)
2. закончиться (об оживлении, радости) в семье по причине чьей-л. смерти

दीया बढ़ाना

тушить, гасить лампаду, свечу [это выражение используется кассательно лампад, которые горят в святых местах, в местах поклонения или при благоприятных случаях]

दीया लेकर ढूँढ़ना

досл. искать с лампадой в руках // тщательно искать (обычно используется в смысле отрицания - сколько не ищи, другого такого не найдёшь на всём свете)

दुकान उठाना/बढ़ाना

временно закрывать магазин, лавку или прерывать коммерческие дела

दुखड़ा रोना
жаловаться на судьбу; рассказывать кому-л. о своих злоключениях //экв. изливать душу

दुनिया की हवा लगना
1. становиться опытным в житейских делах
2. поддаваться дурному влиянию общества

दुनिया से उठ जाना
умереть

दुपट्टा बदलना
досл. обменяться шалями// [в Индии было принято, что женщины в знак близкой дружбы обменивались шалями] // стать ближайшими подругами

दुम के पीछे (लगे) फिरना
ходить по пятам за кем-л., не отставать ни на шаг

दुम दबाकर भागना
убегать от трусости //экв. убегать, поджав хвост

दुम में घुसना
1. исчезать, пропадать (о смелости, гордости и т. п.) при столкновении с опасностью 2. ходить по пятам за кем-л. с целью польстить ему или найти покровительство

दुम हिलाना
1. угодничать, пресмыкаться перед кем-л. 2. приходить в телячий восторг

दुशाले में लपेटकर मारना
1. унижать или донимать кого-л. так, чтобы на первый взгляд это не казалось неуместным или неприятным 2. тонко иронизировать, говорить с сарказмом

दूज का चाँद
человек, редко появляющийся где-л., редкий гость

दूध का धुला
(ирон.) невинный, непорочный, чистый человек

दूध के दाँत न टूटना
не выходить из младенческого возраста, быть инфантильным, не иметь опыта

दून की लेना/हाँकना
хвастаться, бахвалиться

दून की सूझना
браться за дело, превышающее силы и возможности

दूर की कहना/सोचना
поступать с великой мудростью и дальновидностью

दूर की कौड़ी लाना
найти, выискать такой факт, на который никто не обращал внимания, но который имеет далеко идущее значение

दूर की सूझना
1. быть дальновидным, угадывать будущие тонкости какого-л. вопроса 2. (ирон.) строить невыполнимые планы; фантазировать

दूर की सोचना/कहना
поступать с великой мудростью и дальновидностью

दो कौड़ी का आदमी
бедняк; никчёмный, некудышный человек, ничтожество //экв. ноль без палочки

दो-चार होना
встречаться, видеться (с кем-л.)

दो नावों पर पैर रखना
стараться получать поддержку двух противополжных сторон; выполнять две противоположные задачи // экв. сидеть на двух стульях

दो-मुँहा साँप
вероломный человек, предатель

ध

धक्का/धक्के खाना
скитаться, попав в беду, терпя унижения

धक्का लगना
терпеть моральный, финансовый, психический, репутационный ущерб

धज्जियाँ उड़ाना
1. сурово критиковать какой-л. принцип, теорию, доказывая его ошибочность или несущественность //ср. разбивать в пух и прах 2. критиковать чьи-л. недостатки и пороки в резкой и агрессивной манере

धड़क खुलना
проходить, исчезать (об опасениях, о страхе)

धड़ी-धड़ी (करके) लूटना
обобрать кого-л. до нитки

धता बताना
прогонять кого-л.; под разными предлогами, избавляться, отделываться от неприятного, назойливого человека

धर दबाना/दबोचना
полностью подчинить кого-л. своей воле; завладеть кем-л., чем-л.

धरती जोतना/बाहना
много и тяжело работать,

“пахать”

धरती पर पाँव न पड़ना/रखना
1. сильно радоваться //ср. парить над землей
2. возгордиться, зазнаться

धरा (का धरा) रह जाना
оказаться бесполезным в самый нужный момент

धुएँ के बादल उड़ाना
вести пустые, бессмысленные разговоры //ср. из пустого в порожнее

धुन का पक्का
непреклонный человек

धुन सवार होना
быть увлечённым идей сделать что-л.

धुर्रे उड़ाना
1. полностью разрушать что-л. 2. своими доводами опровергать, разбивать чьи-л. аргументы, доказывать их ничтожность //экв. разбить пух и прах
3. сильно избивать кого-л.

धूप में बाल सफ़ेद करना
прожить большую часть жизни, не приобретя никакого опыта или знаний

धूल उड़ना
быть в запустении или приходить в запустение

धूल उड़ाते/फाँकते फिरना
скитаться, попав в беду, терпя унижения

धूल उड़ाना
1. унижать, позорить кого-л, распространяясь о его недостатках, ошибках
2. поднимать на смех, высмеивать кого-л.

धूल की रस्सी बटना
пытаться сделать нечто невозможное

धूल चटाना
наносить кому-л. тяжелое поражение //ср. разбивать в пух и прах

धूल चाटना
1. потерпеть горькое поражение 2. проявлять покорность, молить, умолять

धूल छानना
обивать пороги в поисках кого-л., чего-л.

धूल झाड़ना
1. избивать, колотить кого-л. 2. заискивать перед кем-л., униженно льстить кому-л.

धूल झाड़कर अलग/चलता होना
быть оскорблённым, побитым, но делать вид, что ничего не случилось, “встать и пойти”

धूल डालना
1. не обращать внимания на что-л., считая его незначительным; предавать забвению
2. скрывать, утаивать что-л., считая, что это может нанести ущерб чьей-л. репутации

धूल फाँकना

1. скитаться, попав в сложную ситуацию, пережив бедствие 2. жить впроголодь

धूल में मिलना
полностью разрушаться, превращаться в пыль, пропадать

धूल में लट्ठ मारना
делать что-л. наугад, не имея информации //ср. делать по наитию

धोती ढीली होना
потерять смелость, испугаться чего-л.

धो बहाना
потерять доброе иия, спустить семейное богатство из-за собственной ошибки, неосторожности или неправомерных действий

धोबी का कुत्ता
1. никчёмный, ничтожный человек 2. бездельник, бродяга

धोबी का छैला
человек, играющий на публику; позёр

न

नंगा करना
1. раскрыть чьё-л. истинное лицо 2. опозорить кого-л. 3. ограбить кого-л. // экв. обобрать до нитки

नंगा-नाच
досл. танец голышом// бесстыдное поведение

नकसीर भी न फूटना
нисколько не пострадать от чьих-л. действий, направленных на то, чтобы нанести ущерб

नकेल हाथ में होना
узнав о чьей-л. слабости, получить полную власть над ним

नक्कारख़ाने में तूती की आवाज़
1. слова, которые никто не заметил из-за отсутствия надлежащей аудитории либо площадки 2. совет, предупреждение или крик о помощи, которые никто не услышал //ср. глас вопиющего в пустыне

नक़्शा उलटना/बदलना
своими действиями или старанием менять какую-л. ситуацию

नक़्शा जमाना
делать что-то настолько хорошо, чтобы все

остались впечатлёнными, очарованными

नख़ास की घोड़ी

проститутка

नचा मारना

измучить кого-л., заставляя выполнять бесконечные требования, поручения

नज़र गड़ाना

1. положить глаз на что-л., на кого-л.; жаждать заполучить что-л.
2. смотреть на кого-л. недобрым взглядом, впериться 3. внимательно следить за кем-л. //ср. не спускать глаз

नज़र/डीठ/दीठ चुराना

избегать кого-л. от чувства смущения, страха, стыда и т. п., стараться не попадаться кому-л. на глаза

नज़र में/पर चढ़ना

приглянуться кому-л., сильно понравиться и тем самым завоевать место в сердце, уважение и доверие

नज़र फेरना/बदलना

утратить прежнюю привязанность к кому-л., отвернуться от кого-л.

नज़र बाँधना

искажать чью-л. картину мира

नज़र से उतरना/गिरना

падать в чьих-л. глазах; не испытывать более к кому-л. доверия, любви, уважения

नथ/नथनी उतरना

проходить особый обряд лишения невинности (о девушке, становящейся проституткой)

नथने/नथुने फुलाना

своим видом выражать недовольство или гнев // экв. раздувать ноздри

नब्ज़ टटोलना

распознавать реальную ситуацию; узнавать чьи-л. сокровенные мысли

नमक अदा करना

отвечать добром на добро

नमक खाना

пользоваться чьей-л. материальной поддержкой, жить за счёт чьего-л. покровительства

नमक-मिर्च मिलाना/लगाना

рассказывать что-л., преукрашивая и преувеличивая

नमस्कार करना

отказываться от того, что человек считает для себя неприемлимым (от какого-л. дела, от дурной привычки, от общения с кем-л. и т. п.); порвать отношения с кем-л.

नशा उतारना

сбить чью-л. спесь, сделать так, чтобы чей-л.

порыв, заблуждение и т. п. прошло

नस ढीली होना

1. из-за сильной физической усталости потерять всякое рвение что-л. делать 2. попав в беду, потерять силу духа и отчаяться 3. не иметь или потерять эротическое влечение

नस-नस फड़क उठना

увидев или услышав что-л., испытать сильный прилив радости

नसीब खुलना/चमकना/जागना

благоволить (о судьбе), улыбаться (о счастье)

नसीब फूटना

отвернуться (о хороших временах, счастье и т. п.) // ср. удача отвернулась

नसीब लड़ना

1. благоволить (о судьбе), улыбаться (о счастье) 2. вопреки ожиданиям удачно складываться

नसीब होना

выпадать на чью-л. долю

नाक कटना

опозориться, пасть в глазах общества

नाक का बाल

(разг.) 1. очень близкий друг 2. ближайший человек и важный советник

नाक घिसना

смиренно, униженно просить о чём-л. или давать клятву в чём-л.

नाक घुसाना

без надобности вмешиваться в чужие дела //экв. совать нос

नाक/नाक-भौं चढ़ाना

1. смотреть на что-л., кого-л. с презрением 2. надменно выражать на лице недовольство, безразличие, равнодушие и т. п. //экв. задирать нос

नाक पर मक्खी न बैठने देना

1. быть предельно честным и не давать никому повода в чём-л. упрекать себя //экв. комар носа не подточит 2. из гордости стараться не быть никому обязанным 3. не идти ни на малейший компромисс со своими принципами

नाक में दम करना

замучить кого-л., причиняя ему неудобства, неприятности, трудности, приставая к нему; не давать покоя

नाक में नकेल पड़ना

быть связанным какими-л. обязанностями, ограничениями или брачными узами и т. п.

नाक रख लेना

уберегать чью-л. честь

नाक रगड़ना

смиренно, униженно просить, упрашивать

кого-л. о чём-л., давать клятву в чём-л.

नाक लगाकर बैठना
высокомерно сторониться других //ср. задирать нос

नाक/नाक-भौं सिकोड़ना
1. смотреть на что-л., кого-л. с презрением 2. надменно выражать на лице недовольство, безразличие, равнодушие и т. п. //экв. задирать нос

नाकों चने चबवाना
сделать чью-л. жизнь невыносимой, причиняя ему очень большие неудобства, неприятности, трудности //ср. кость в горле

नाच नचाना
замучить кого-л., заставляя заниматься странными, бессмысленными делами // экв. заставлять кого-то плясать под свою дудку

नाज़ उठाना
спокойно воспринимать и удовлетворять мелкие капризы, перемены настроения человека, к которому относишься доброжелательно

नानी मरना
1. не иметь смелости поступить так, как того требует ситуация 2. всеми силами избегать чего-л.

नानी याद आना
попав в трудную ситуацию, сильно заволноваться, испугаться

नाम उछलना
быть предметом всеобщего порицания, позора

नाम कमाना
заслужить, завоевать славу

नाम करना
1. заслужить, завоевать славу 2. делать что-л. только для вида

नाम को मरना
1. делать всё возможное дла сохранения своей чести, славы и т. п. 2. иметь сильное желание прославиться

नाम को रोना
1. ругать близкого родственника за недостойное поведение 2. вспоминать недобрым словом того, кто плохо сделал порученное ему дело 3. приписывать свою неспособность что-л. сделать другому //ср. порочить имя

नाम चमकना
греметь (об имени); пользоваться всеобщей известностью; славиться

नाम चलना
сохраняться, быть действующим (о роде, традиции, организации и т. п.)

नाम डुबाना/डुबोना

своими действиями портить себе репутацию, утратить своё доброе имя, имидж //ср. потерять имя

नाम धरना
1. обвиняя кого-л. в каком-л. пороке, недостатке, позорить его 2. давать кому-л. оскорбительную кличку, обзывать

नाम (तक) न लेना
1. испытывая неприязнь, ненависть, страх по отношению к кому-л., чему-л., не упоминать про него 2. не иметь никакого отношения к чему-л., кому-л.; держаться в стороне

नाम बिकना
1. высоко цениться, пользоваться уважением, благодаря завоёванной (ранее) известности 2. продаваться, благодаря известному бренду

नाम लगाना
ложно обвинять кого-л. в чём-л.

नाल गड़ी/दबी होना
1. питать особую привязанность к какому-л. месту, стремиться всегда туда возвращаться //ср. пуповина держит 2. иметь самую тесную дружбу с кем-л.

नाली का कीड़ा
жалкий, ничтожный, презренный человек

नाव में धूल उड़ाना
нести чушь, лгать

निन्यानवे के फेर में आना/पड़ना
думать только о том, как бы умножить своё богатство, свои сбережения

नींद हराम होना
измучиться из-за волнения, беспокойства, изводить себя //экв. потерять сон

नीचा दिखाना
1. унижать, стыдить кого-л. 2. сбив с кого-л. спесь, указать ему на его место

नीचे गिरना
вести себя недостойно, низко падать в глазах общества, деградировать; терять чьё-л. уважение // экв. пасть

नील का खेत
место с дурной славой, злачное место

नील घोटना
затевать ненужную ссору

नील बिगड़ना
1. портиться (о поведении, работе, вещи) 2. нести большой урон 3. наступать (о тяжёлых временах)

नूर बरसना
сиять красотой, сверкать внутренним блеском

नेग करना
1. во время помолвки и свадьбы, при совершении

различных обрядов соблюдать традицию иерархического обмена подарками с родными с другой стороны 2. во время торжеств и праздников раздавать подарки родным, домочадцам, прислуге и т. п.

नोक की लेना
хвастаться

नोक बनाना
1. украшать, наряжать кого-л., что-л. 2. наряжаться

नोक रहना
сохраняться (о чести, достоинстве, добром имени)

नौकरी बजाना
оказывать кому-л. разные услуги, желая что-л. получить взамен; делать что-л. по принуждению

नौ-दो ग्यारह होना
мгновенно незаметно уходить, "смываться"

नौसादर/नौशादर सुँघाना
досл. дать понюхать нашатырь// выводить кого-л. из состояния заблуждения, неосторожности, недопонимания; показывать ему реальную действительность; предостерегать его, приводить в чувство

प

पंख निकलना
досл. появиться (о крыльях)// 1. хотеть вырваться за пределы привычного, искать новые возможности 2. появляться (о склонности идти по дурному пути) 3. приближаться (о смерти) [у муравьёв перед смертью появляются крылья]

पंख लगना
двигаться с особой быстротой (о походке, мыслях, и т. п.); усиливаться (о способностях, умениях) // ср. лететь как на крыльях

पंजा फैलाना
пытаться подчинить себе кого-л.

पंजा लड़ाना / लेना
мериться силами с противником

पंजे झाड़कर चिमटना
приставать к кому-л., чтобы заполучить что-л., доводить его, вредить ему

पंजे झाड़कर पीछे पड़ना
приставать к кому-л.,

чтобы заполучить что-л., доводить его, вредить ему

पंजों के बल चलना
обходить стороной всех, считая ничтожными; быть охваченным гордыней

पंडिताई छाँटना
выставлять напоказ свои знания, не принимая во внимание, где, когда и с кем это происходит

पंथ देखना/जोहना/निहारना/सेना
с нетерпением ждать кого-л.

पंथ पर/में पाँव देना
принять новую идеологию (религиозную, политическую, социальную и т. п.); изменить образ жизни

पंथ लगना
1. стать чьим-л. последователем
2. приставая к кому-л., мешать его работе, становиться помехой для него

पगड़ी अटकना
ожесточенно бороться, конкурировать с кем-л., считая достижение результата вопросом личного престижа

पगड़ी उछलना
быть всенародно высмеянным, опорченным, опозоренным; доведённым до бедственного положения (про уважаемого человека, семью)

पगड़ी उतारना
1. оскорблять, унижать
2. грабить, обманывать

पगड़ी की शर्म रखना
поступать так, чтобы не ронять свою честь или честь семьи

पगड़ी बँधना
1. быть назначенным чьим-л. наследником, заместителем; вступать в наследство 2. получать почётное место, высокую должность 3. обрести славу за выполнение какого-л. дела, получить признание заслуг

पगड़ी बदलना
(ист.) обмениваться головными уборами в знак установления тесной дружбы между двумя мужчинами; брататься

पगड़ी रखना
1. сохранять чью-л. честь
2. просить кого-л. помочь сохранить собственную честь

पच मरना/हारना
1. трудиться изо всех сил 2. выбиться из сил, занимаясь каким-л. делом, утратить свой изначальный пыл, энтузиазм

पच्चर ठोंकना
мучить кого-л., не давая делать какое-л. дело, чиня

серьёзные препятствия

पच्चर मारना

учинив препятствие, применив какой-л. ход, застопорить почти готовое дело //ср. вставлять палки в колёса

पट खुलना

1. становиться явным (о труднопонимаемых вещах) 2. просвещаться; получать духовные знания

पट पड़ना

1. не удаваться (о каком-л. ходе), оказываться безрезультатными (о стараниях) 2. затихать (о рынке и т. п.)

पटका पकड़ना

1. призвать кого-л. к ответственности за что-л. или потребовать от него за это компенсации 2. удерживать кого-л., настойчиво прося его о помощи

पटका बाँधना

1. собраться, быть готовым совершить какое-л. дело 2. принять твёрдое решение заняться чем-л.

पटरा कर देना

1. избив до полусмерти, повалить кого-л. на землю 2. полностью разрушить, уничтожить что-л.

पटरा फेरना

1. полностью разрушать, уничтожать что-л. 2. убить сразу несколько человек

पटरी बैठना/जमना

1. устанавливаться (о близких отношениях с кем-л. благодаря схожести характера) 2. сближаться (о двух противоборствующих сторонах)

पटैले के साथ अपनी पनसुइया बाँधना

связывать свою незначительную работу или личность с гораздо большей работой или личностью

पट्टी पढ़ाना

1. убеждать кого-л. в чём-то, наставляя его на неверный путь 2. уговорами или лестью склонить кого-л. на свою сторону

पट्टी में आना

1. считая чьи-л. неверные наставления верными, поступать в соответствии с ними 2. быть обманутым, веря чьим-л. ложным наставлениям

पड़ाव मारना

1. совершать налёт на лагерь путников 2. (ирон.) совершать отчаянно смелый поступок //ср. без царя в голове

पड़िया/बछिया का ताऊ

простофиля, неразумный, невежественный человек, дурак

पतंगे लगाना
раздражать, возбуждать кого-л. своими словами или действиями и т. п.

पतला पड़ना
1. попасть в тяжёлое положение 2. слабеть, обессилевать

पते की बात
1. дельные слова, ценная идея, соображение //ср. золотые слова 2. слова, раскрывающие тайну, секрет

पत्तल खोलना
принимать пищу после успешного исполнения обета воздержания от пищи до исполнения какого-л. дела

पत्तल बाँधना
давать себе обет не есть до исполнения какого-л. дела

पत्ता कटना
потерять работу или возможность получать какую-л. выгоду, услугу и т. п. ; быть вычеркнутым из списка претендентов

पत्ता काटना
1. изолировать кого-л., разрушать его отношения с другими (на работе, в коллективе, и т. п.); убрать его с какой-л. должности 2. порывать отношения с кем-л., не иметь с ним более ничего общего

पत्ता खड़कना
быть настороженным, чувствовать опасность при малейшем шорохе

पत्ता हो जाना
моментально убежать, быстро исчезнуть из виду // ср. испариться вмиг

पत्ते खोलना
раскрывать чьи-л. секреты, пороки; раскрывать свой секрет, свои планы //экв. раскрывать карты

पत्थर का कलेजा/दिल होना
при виде чужого горя не чувствовать жалости и сострадания или не иметь их вообще //ср. иметь каменное сердце

पत्थर की छाती होना
1. не дрогнув, выдержать, стерпеть самые сильные страдания, горе 2. при виде чужого горя не чувствовать жалости и сострадания

पत्थर की लकीर
твёрдое слово или обещание

पत्थर को/में जोंक लगाना
1. совершать нечто такое, что другие считают слишком трудным или невозможным 2. пытаться

делать что-л. совершенно бессмысленное

पत्थर तले हाथ आना/दबना
попадать в безвыходное положение; попадать в зависимость от кого-л. и не иметь возможности выбраться, самостоятельно действовать

पत्थर तले से हाथ निकालना
выходить из трудного положения, найдя подходящий способ

पत्थर निचोड़ना
1. выпросить что-л. у отъявленного скупердяя 2. добиться своего там, где это казалось невозможным

पत्थर पसीजना/पिघलना
появляться (о жалости, милосердии в душе жестокосердного человека)

पत्थर-सा खींच/फेंक मारना
1. не проявляя никакого уважения к возрасту, статусу собеседника, крайне грубо, резко разговаривить, отвечать 2. открыто высказать острые, неприятные слова или нечто такое, что нужно скрывать; выдать всю нелицеприятную правду // экв. резать правду-матку

पत्थर से सिर फोड़ना/मारना
безрезультатно, напрасно тратить свои умения и силы на кого-л., что-л., стараясь добиться чего-то невероятного //ср. лезть из кожи вон

पनीर चटाना
льстить кому-л., обхаживать, угощать его ради своей корысти

पनीर जमाना
готовить почву для получения будущей выгоды, достижения какой-л. большой цели

पयाल गाहना/झाड़ना
1. заниматься делом, от которого в принципе не может быть никакого прока; напрасно трудиться 2. служить человеку, от которого невозможно получить желаемого (денег, имущества, помощи, благословения и т. п.)

पर कटना
1. терять силу, смелость, опору 2. не быть более в состоянии делать что-л.

पर जमना
морально изменяться в худшую сторону

पर भी न मार सकना
1. быть под строгим надзором (о месте) 2. быть совершенно пустынным, недосягаемым местом //ср. птица не долетит

परदा/पर्दा उठाना/खोलना
раскрывать чью-л.тайну;

разоблачать кого-л. //экв. срывать завесу

परदा डालना
скрывать чьи-л. пороки; создавать такие условия, чтобы люди не узнали о чьих-л. пороках, недостатках, тайнах //экв. покрывать мраком

परदा रखना
не допускать разглашения порочащей информации и тем самым защитить чью-л. честь и достоинство

परदा रहना
не обнаружиться, не стать общим достоянием (о чьей-л. тайне, секрете)

परवान चढ़ना
1. подниматься по лестнице достижений, успеха 2. успешно завершаться (о деле)

परे बैठाना
победить кого-л.; доказать чью-л. недостойность и неполноценность, сравнивая его с другими

पलंग को लात मारकर खड़ा होना
1. выздоравливать после тяжёлой болезни
2. полностью выздоровив, выходить первый раз после родов (о молодой матери)

पलंग तोड़ना
бездельничать; праздно валяться (о здоровом человеке, который ленится подняться с кровати) // экв. пролёживать кровать; отлёживать бока

पलक-पाँवड़े बिछाना
с большой любовью и почётом, радушно принимать кого-л.

पलकें बिछाना
1. с большой любовью, почётом, радушием принимать кого-л. 2. с нетерпением ожидать кого-л. //ср. проглядеть все глаза

पलकों से ज़मीन झाड़ना
1. с глубоким почтением ухаживать за кем-л., заботиться о том, чтобы тот не встречал никаких проблем, забот в дороге и в местах остановки [данное выражение используется, в основном, когда речь идёт о заботе о почитаемых "святых" людях] 2. делать всё возможное, чтобы полностью удовлетворить чьи-л. мельчайшие потребности //ср. пылинки сдувать

पलकों से तिनके चुनना
1. с глубоким почтением ухаживать за кем-л., заботиться о том, чтобы тот не встречал никаких

проблем, забот в дороге и в местах остановки [данное выражение используется, в основном, когда речь идёт о заботе о почитаемых "святых" людях] 2. делать всё возможное, чтобы полностью удовлетворить чьи-л. мельчайшие потребности

पलटा खाना
1. отказываться от своих слов 2. полностью перевернуться (о ситуации, положении)

पलड़ा भारी होना
иметься (о перевесе какой-л. из двух сторон)

पलस्तर ढीला होना
1. быть доведённым до плохого состояния 2. быть сильно избитым

पलस्तर बिगड़ना
1. быть доведённым до плохого состояния 2. быть сильно избитым

पलीता लगाना
натравливать людей друг на друга; нарочно заводить такой разговор, чтобы люди начали спорить и ссориться

पलेथन निकालना
1. избивать кого-л. до полусмерти 2. сильно мучить кого-л.

पल्ला करना/लेना
покрывать концом покрывала или краем сари голову (в знак уважения или чтобы скрыть от постороннего взгляда)

पल्ला छुड़ाना
1. отделываться, избавляться от нежелательной или навязанной ответственности или работы; от назойливого человека 2. спасаться, ускользать от кого-л., из чьих-л. пут

पल्ला दबना
1. теряться (о перевесе, превосходстве)
2. быть задавленным обстоятельствами

पल्ला पकड़ना
принимать чьё-л. покровительство, идти под чью-л. защиту

पल्ला पसारना/फैलाना
молить помочь, просить кого-л. о помощи

पल्ला/पलड़ा भारी होना
иметься (о перевесе какой-л. из двух сторон)

पल्ले न पड़ना
1. не понимать ничего (в какой-л. книге, речи и т. п.) из-за сложного изложения, стиля 2. не достичь чего-л. или быть лишённым чего-л.

पल्ले पड़ना/लगना
1. при каком-л. разделе,

раздаче (имущества, прибыли, наград, положения, и т. п.) получать обычно меньшую, менее важную долю 2. в браке получить партнёра, не соответствующего ожиданиям

पल्ले (से) बँधना

1. идти под чью-л. защиту или власть 2. войдя в брачный союз, стать ответственным за жизнь, судьбу партнёра 3. против воли быть вынужденным взять на себя какую-л. ответственность

पल्ले (से) बाँधना

1. брать кого-л. под свою защиту, власть или отдавать кого-л. под чью-л. защиту, власть 2. выдавать замуж 3. запомнить что-л. навсегда //ср. завязать узелок на память

पशम उखाड़ना

терять время, занимаясь бессмысленным делом или создавая видимость работы

पशम (तक) न उखड़ना

1. (ирон.) быть неспособным сделать что-л. 2. несмотря на старания недоброжелателей, избежать вреда, ущерба

पशम न समझना

считать кого-л. никчёмным, ничтожным; ни во что не ставить, презирать кого-л.

पशम पर मारना

считать кого-л. никчёмным, ничтожным; ни во что не ставить, презирать кого-л.

पसंगा भी न होना

не идти ни в какое сравнение с кем-л., с чем-л.; ни на что не годиться

पसली फड़कना

быть возбуждённым, испытывать большой энтузиазм или глубокую тревогу, сильное беспокойство

पसीना/पसीने छूटना

1. замучиться, занимаясь каким-л. делом, прилагать большие усилия 2. сильно испугаться //ср. бросило в холодный пот

पसीने-पसीने होना

1. сильно смутиться, растеряться 2. стесняться при встрече с кем-л.

पहलू बचाना

1. обходить стороной, избегать конфликтов 2. избегать какого-л. дела 3. следить за тем, чтобы не возникло ни малейших сложностей

पहाड़ उठाना

1. брать на себя ответственность за тяжёлую работу 2. совершить какое-л.

большое, почти невозможное дело

पहाड़ कटना

1. выполняться (о трудной работе)
2. предотвращаться (о большой беде)

पहाड़ टूट पड़ना

обрушиваться (о несчастье, беде)

पहाड़ से टक्कर लेना

противостоять, враждовать или пытаться ставить себя наравне с человеком, который сильнее и выше тебя //ср. прыгать выше головы

पहाड़ होना

1. тяжело проходить (о времени, разлуке и т. п.)
2. становиться ужасным, непреодолимым (о каком-л. деле, проблеме и т. п.)

पहुँचा पकड़ना

насильно останавливать кого-л., чтобы тот не брался за какое-л. другое дело, пока не сделает то, что тебе нужно

पहेली/पहेलियाँ बुझाना

так выражать свою мысль, чтобы другие не сразу поняли смысл //экв. говорить загадками

पाँचों उँगलियाँ घी में होना

иметь в жизни все удобства, быть успешным во всех делах //экв. кататься как сыр в масле

पाँचों सवारों में नाम लिखाना

не имея на то оснований или способности, причислять себя к разряду важных лиц

पाँचों सवारों में मिलना

не имея на то оснований или способности, причислять себя к разряду важных лиц

पाँव उखड़ना

1. отступать, когда не осталось больше сил или отваги //ср. пойти на попятную 2. не удержаться на своей первоначальной точке зрения в споре

पाँव कटना

1. не иметь возможности свободно передвигаться, как прежде 2. потерять (об опрое, поддержке кого-л.)

पाँव की जूती

бесполезная, никчёмная вещь; человек, не имеющий прочных позиций и из-за этого подвергающийся эксплуатации, оскорблениям, притеснениям

पाँव गाड़ना/रोपना

1. найти своё место и удерживаться там //ср. пустить корни 2. стойко сражаться 3. стоять на

своём

पाँव घिसना

1. суетититься, хлопотать, многократно ходить по какому-л. делу, к кому-л. с просьбой 2. уставать от ходьбы, беготни //экв. ноги исходил

पाँव जमाना

пустить корни где-л.; укрепить своё положение

पाँव ज़मीन/धरती पर न पड़ना

“1. выражать упоение и восторг по любому поводу //экв. не чувствовать под собой ног от радости 2. зазнавшись, считать всех ничтожными, а себя возомнить выше других”

पाँव तोड़ना

1. хлопотать, прилагать много усилий, чтобы сделать какое-л. дело; напрасно, безрезультатно ходить куда-л. 2. лишить кого-л. способности ходить или делать что-л. 3. лишить кого-л. энтузиазма, решимости делать что-л.

पाँव धोकर पीना

1. относиться к кому-л. с глубоким почтением 2. льстить кому-л.

पाँव निकालना

выходить за рамки дозволенного; не соблюдать нормы общения, поведения

पाँव पकड़ना

1. униженно просить кого-л. о помощи, поддержке 2. льстить кому-л. 3. останавливать кого-л. от какого-то шага

पाँव फिसलना

нечаяно ошибиться в поведении; неправильно поступать, будучи очарованным или соблазнённым кем-л., чем-л.; встать на дурной путь //ср. оступиться

पाँव फूलना

от страха лишиться способности двигаться и делать что-л. //ср. встать на месте как вкопанный

पाँव फेरने जाना

возращаться после свадьбы или после рождения ребёнка на время в родительский дом (о женщ.)

पाँव फैलाकर सोना

жить беззаботно, совершенно не беспокоясь о том, что будет дальше // ср. в ус не дуть

पाँव फैलाना/बढ़ाना

1. преуспевать, расширять своё дело 2. стараться получать больше

पाँव भारी होना

1. быть беременной

2. досл. у (кого-л.) нога тяжёлая// говорится про человека, который приносит с собой беды

पाँव में बेड़ी पड़ना

1. появляться (о препятствии для свободного поведения) 2. быть вынужденным совершать или не совершать какое-то действие, будучи связанным данным себе или кому-л. словом

पाँव में सनीचर/चक्कर होना

в силу обстоятельств быть вынужденным скитаться; иметь привычку скитаться, не оставаться долго на одном месте; иметь склонность странствовать, бродяжничать

पाँव रगड़ना

прилагать большие усилия, стараться изо всех сил, чтобы выполнить какое-л. задание, сделать какое-л. дело

पान खिलाना

досл. кормить паном// угощать [в Индии, когда родные невесты дают согласие на её брак, они должны преподнести угощения родным жениха]

पान चीरना

впустую тратить время на бесполезные дела

पान/बीड़ा देना

1. поручать кому-л. ответственное дело 2. при совершении сделки давать небольшой аванс

पानी उतरना/जाना

1. терять чувство стыда, чувство меры 2. терять авторитет 3. терять внутреннюю красоту, отражающуюся на лице

पानी करना

1. полностью упрощать какое-л. дело, метод, систему 2. успокаивать рассерженного человека 3. возбуждать в ком-л. жалость, сострадание, смущение

पानी ढलना

1. терять свою красоту, блеск 2. полностью терять чувство стыда, становиться совершенно бесстыжим

पानी (भी) न माँगना

1. от сильного удара терять дар речи 2. мгновенно умереть

पानी पर नींव डालना

делать что-л. на непрочном основании; начать какое-л. дело так, чтобы оно очень быстро разрушилось //ср. вилами по воде писано

पानी पीकर जात/जाति पूछना

1. сделав какое-л.

дело, сомневаться в его уместности, целесообразности 2. сожалеть о содеянном

पानी फेरना

1. разрушить всё до основания 2. сделать напрасными все предпринятые труды

पानी मरना

иметь такую слабость, из-за которой человек может стать объектом нападок, обвинений или презрения

पानी में आग लगाना

1. проявлять необычную способность совершить нечто кажущееся почти невозможным 2. возникать (о беспричинной ссоре); сеять раздор без причины 3. рассердить совершенно спокойного человека

पानी में फेंकना/बहाना

не осознавая ценность какой-л. вещи, впустую тратить её; беспечно тратить что-л. //экв. пускать по ветру

पानी लगना

оказывать влияние на организм (о климате какой-л. местности)

पानी-पानी होना

сильно стыдиться за своё поведение

पानी से पहले पाड़/पुल/बाँध बाँधना

быть мнительным, предпринимать даже излишние меры предосторожности //ср. дуть на воду

पाप कटना

1. устраняться благодаря покаянию или наказанию (о последствиях дурных поступков) 2. разрешаться (о неприятной ситуации, препятствии)

पाप मोल लेना

1. сознательно творить зло 2. сознательно или нечаянно ввязываться в сложное дело, из которого трудно выпутаться

पापड़ बेलना

прилагать все возможные усилия ради достижения успеха

पाया बुलंद होना

1. иметь прочную опору, положение 2. идти к успеху

पार उतरना

1. успешно совершаться (о каком-л. деле), достигать цели 2. исполниться (о важных обязанностях жизни) 3. освободиться от мирских пут 4. уйти в мир иной

पार पाना

1. успешно справиться с кем-л., чем-л. 2. познать кого-л. (его глубину, серьёзность, пределы и т.

п.)

पारा उतरना
проходить (о гневе)

पारा चढ़ना
рассердиться, быть обуреваемым гневом

पासंग बराबर/भी न होना
не идти ни в какое сравнение с кем-л., с чем-л.

पासा उलटना/पलटना
1. полностью перемениться (о ситуации, положении) 2. получить обратный результат

पासा पड़ना
1. быть везучим; получать благоприятную возможность 2. создаваться (о благоприятной ситуации для достижения цели)

पासा फेंकना
рассчитывая на успех и полагаясь на судьбу, стараться делать что-л.; применять уловки; пытать счастье

पिंगल पढ़ाना
прибегать к запутанным объяснениям, пытаться вводить кого-л. в заблуждение, чтобы получить желаемое или скрыть свои недостатки

पिंगल साधना
1. отговариваться
2. высокомерно держаться

पिंड छूटना
спасаться, ускользать от кого-л., из чьих-л. пут

पिंड छोड़ना
1. оставлять в покое, не докучать кому-л. 2. после долгих стараний забросить работу

पिंड देना
совершать обряд поминовения предков (для этого индуисты кладут рядом со священым огнём шарики из овсяной муки, варёного риса и т. д.)

पिंड पड़ना
следовать за кем-л. неотступно, чтобы добиться от него желаемого

पित्त उबलना/खौलना
сильно злиться

पित्ता निकलना
дойти до истощения от непосильного труда, страданий

पित्ता मरना
убывать (об энергии, энтузиазме) как на физическом, так и на психическом уровне; терять рвение к чему-л. из-за неудач; остывать (о пыле, гневе)

पित्ता मारना
1. подавлять свои чувства
2. не бояться выполнять

тяжёлую работу; не уставать, выполняя тяжёлую или неприятную работу

पीछा छुड़ाना

1. отделываться, избавляться от нежелательной или навязанной ответственности либо от навязчивого человека 2. спасаться, ускользать от кого-л., из чьих-л. пут

पीछा छोड़ना

1. оставлять в покое, не докучать кому-л. 2. после долгих стараний забросить работу

पीछा दिखाना

1. обращаться в бегство; проигрывая, уходить, убегать с поля боя 2. пообещав помощь, в нужный момент отойти в сторону; отказываться от своего обещания, подводить, обманывать кого-л. //ср. давать заднюю

पीछा पकड़ना

присоединяться к кому-л., рассчитывая достигнуть своей цели с его помощью; поддерживать кого-л. с корыстной целью

पीछे पड़ना

1. приниматься за дело с твёрдой решимостью его выполнить 2. доставать, донимать, мучить кого-л. придирками и т. п. 3. приставать к кому-л. с какой-л просьбой

पीछे लगना

1. с какой-л. целью стать чьим-то последователем; следовать за кем-л. 2. доставать, донимать, мучить кого-л. придирками и т. п. 3. приставать к кому-л. с какой-л. просьбой

पीठ ठोंकना

1. одобрять, хвалить кого-л. 2. воодушевлять кого-л, пробуждать в нём энтузиазм

पीठ दिखाना/देना

1. обращаться в бегство; проигрывая, уходить, убегать 2. пообещав помощь, в нужный момент отойти в сторону; отказываться от своего обещания, подводить, обманывать 3. отворачиваться от кого-л., выказывая неприятие, отвращение

पीठ पर खाना

оказываться трусом

पीठ पर होना

1. быть опорой кому-л.; быть готовым в любой момент оказать помощь 2. быть уверенным в том,

что имеешь опору, что кто-то окажет тебе в нужный момент помощь

पीठ फेरना

1. игнорировать кого-л., что-л., проявляя отвращение, пренебрежение, равнодушие и т. п.
2. уйти, сбежать откуда-л., чтобы избежать трудной, неприятной ситуации
3. отказываться от своих слов 4. терпеть поражение; признав своё поражение, сбежать

पुजापा फैलाना

1. разбросать много (бесполезных) вещей вокруг себя
2. осуществлять пышные приготовления к какому-л. мероприятию

पुट्ठे पर हाथ न रखने देना

из осторожности либо по причине самомнения или природной закрытости не допускать ни с кем неформальных отношений; не давать никому возможности сблизиться с собой и разузнать секреты

पुतली फिर जाना

1. возгордиться и смотреть на других с пренебрежением; не питать прежнюю нежность к кому-л, став безразличным к нему
2. быть при смерти

पुरखे तर जाना

переправиться на другой берег [считается, что после ухода в мир иной на пути души встречается река Вайтарани, через которую смогут переправиться только те, чьи души чисты. Живые могут своим благочестивым поведением и соблюдением обрядов помочь душам предков пер еправиться]

पुरज़ा ढीला होना

вести себя неуместно, незрело, быть немного “тронутым”, эксцентричным, капризным

पूँछ पकड़कर चलना

1. слепо следовать за кем-л. 2. делать что-л. с чьей-л. помощью

पेंदे के बल बैठना

отчаявшись, признать поражение; исчерпав терпение, оставить решимость; обессилев, перестать действовать

पेच घुमाना

стараться изменить чьи-л. намерения, мысли или ситуацию

पेच ढीला होना

вести себя неуместно, незрело; быть

немного “тронутым”, эксцентричным, капризным

पेट और पीठ एक होना
совершенно исхудать, не получая пищи //ср. кожа да кости

पेट का कुत्ता
1. человек, готовый на всё ради куска хлеба
2. человек, всё время думающий только о еде

पेट का गहरा
человек, умеющий хранить свою и чужую тайну

पेट काटना
мало есть, чтобы скопить немного денег; не доплачивать; давать меньше, чем полагается

पेट का पानी न पचना
1. постоянно выбалтывать чужие секреты 2. жаждать взяться за какое-л. дело

पेट का पानी (तक) न हिलना
делать какое-л. дело, не прилагая ни малейших усилий, не чувствуя никаких неудобств

पेट का पीठ से लगना
совершенно исхудать, не получая пищи //ср. кожа да кости

पेट का हलका
поверхностный человек, не умеющий хранить тайну

पेट की मार देना/मारना
1. отнимать у кого-л. возможность зарабатывать на жизнь, препятствовать получению заработка
2. морить кого-л. голодом

पेट देना
делиться с кем-л. своими сокровенными мыслями, своей тайной

पेट पीठ का एक होना
совершенно исхудать, не получая пищи //ср. кожа да кост

पेट में घुसना/पैठना/बैठना
втираться к кому-л. в доверие, влезать к нему в душу, чтобы разузнать его тайну или извлечь свою выгоду

पेट में चूहे कूदना/दौड़ना
1. чувствовать сильный голод 2. чувствовать сильное волнение или проявлять сильное любопытство

पेट में दाढ़ी होना
1. человек на вид простой или маленький, но на самом деле очень сообразительный и хитрый
2. быть разумным подобно взрослым с малых лет

पेट में पाँव होना
быть очень хитрым, лукавым, обманщиком, плутом

पेट में रखना
увидев или услышав что-л. важное, держать это в секрете, никому не

говорить об этом

पेट रहना/से होना
забеременеть

पेट से पाँव निकालना
1. стараться делать что-л., что превосходит возможности 2. вступать на дурной путь

पैर के लिए देखें 'पाँव' के तद्रूपी मुहावरे

पैरों तले ज़मीन खिसकना
остолбенеть от неожиданно возникшего чувства страха, удивления, печали //экв. земля из-под ног ушла

पों बजाना
не разбираясь, не раздумывая, поддерживать кого-л.

पों बोलना
1. сдаваться, признавать себя побеждённым
2. устав, опустить руки
3. разоряться, становиться банкротом

पोतड़ों के अमीर/रईस
быть богатым от рождения

पोता फेरना
полностью уничтожить что-л., обобрать кого-л. до нитки

पोल खुलना
быть разоблачённым; проявиться (о тайне, пороках, внутренней пустоте человека и т. п.) // ср. выйти наружу

पौ बारह कटना/पड़ना/होना
1. быть везучим, получить крупный выигрыш, выгоду 2. наступать (о благоприятном моменте для крупного выигрыша, везения) //ср. звёздный час

प्याला भरना
1. доходить до предела
2. завершиться, подходить к концу (о сроке жизни)

प्राण डालना
1. вдыхать в кого-л. жизнь, жизненную энергию; оживлять 2. даровать жизнь

प्राण-पखेरू उड़ जाना
умереть

प्राण मुँह को आना
1. быть на последнем издыхании 2. из-за большого несчастья, сильных страданий чувствовать себя при смерти, как будто вот-вот испустишь последний вздох

प्राण हरना
1. сильно терзать, изводить кого-л. 2. убить кого-л.

फ

फंका करना
растратить всё полученное богатство или доступные средства //ср. пустить на ветер

फंदे में आना/पड़ना/फँसना
1. оказываться жертвой чьего-л. заговора, обмана или уловки
2. против желания, из-за слабости или зависимости попадать под чью-л. власть 3. попадать в беду, из которой нелегко выпутаться

फट जाना/पड़ना
1. неожиданно где-л. собраться в большом количестве 2. неожиданно свалиться на кого-л. (о счастье или несчастьях)
3. внезапно появиться // ср. свалиться с неба; свалиться как снег на голову
4. внезапно прорываться (о подавляемом гневе)

फटे में पाँव/पैर अड़ाना/देना
нарочно делать что-то такое, от чего можно оказаться в затруднительной, неприятной ситуации; влезать в чужие дрязги; брать на себя чужую беду

फ़सली कौआ
своекорыстный друг

फाँड़ा कसना/बाँधना
быть готовым совершить какое-л. дело; принять твёрдое решение заняться чем-л.

फाँड़ा पकड़ना
не позволять кому-л. браться за другое дело, пока он не выполнил то, что тебе нужно

फाँस निकलना
прекращаться (о мучительном чувстве)

फाँसी खड़ी होना
грозить кому-л. (о смертельной опасности)

फ़ातिहा पढ़ना
отчаиваться

फ़िक़रा जोड़ना/तराशना
выдумывать, фантазировать

फिरकी की तरह घूमना/फिरना
всё время быть занятым чем-л.; постоянно быть в беготне, суете //экв. вертеться, как белка в колесе

फिस हो जाना
не достигать результата в резонансном деле; начав с помпой, кончить пшиком //ср. начать за здравие, закончить за упокой

फुलझड़ी छोड़ना
вызывать разногласия,

споры между двумя сторонами или в какой-л. группе

फूँक-ताप डालना
растратить всё полученное богатство или доступные средства //ср. пустить на ветер

फूँक निकल जाना
1. испустить дух; умереть
2. насмерть испугаться

फूँक-फूँककरक़दम/पाँव/पैर रखना
действовать очень осмотрительно

फूँक-फूँककर चलना
действовать очень осмотрительно

फूट पड़ना
изливаться (о том, что тревожит душу); прорываться (о накопившихся эмоциях)

फूटी आँखों का तारा
единственная уцелевшая ценная вещь или единственный оставшийся в живых сын или дорогой человек

फूटी आँखों न भाना/सुहाना/देख सकना
совершенно не нравиться кому-л., быть очень неприятным, совсем неприемлемым

फूटी/कानी कौड़ी न होना
быть абсолютно нищим // экв. не иметь ломаного гроша за душой

फूटे मुँह न बोलना
из чувства пренебрежения, злобы совсем не общаться с кем-л.

फूलकर कुप्पा हो जाना
1. сильно радоваться чему-л. 2. возгордиться

फूल झड़ना
очень красиво говорить // экв. услаждать слух

फूल सूँघकर जीना/रहना
очень мало есть

फूलों की सेज पर सोना
иметь все лучшие удобства и удовольствия жизни

फूलों के काँटे में तुलना
воспитываться с большой заботой, нежностью в кромфортных условиях
2. быть очень нежным 3. иметь всё лучшее в жизни

फेंट/फेंटा कसना
1. собраться, быть готовым совершить какое-л. дело
2. принять твёрдое решение заняться чем-л.

फेंट/फेंटा धरना/पकड़ना
насильно останавливать кого-л., чтобы тот не брался за какое-л. другое дело, пока не сделает то, что тебе нужно

ब

बंदर-बाँट
несправедливое разделение имущества или чего-л. ценного

बंदर-भभकी/-घुड़की
показушная или пустая угроза

बखिया उधेड़ना
1. разоблачать кого-л., раскрывать чей-л. секрет, тайну 2. резко критиковать кого-л.

बग़ल गरम करना
сожительствовать с кем-л.

बग़ल में दबाना/दाबना
отнимать чужое, завладевать чужой вещью

बगला/बगुला भगत
злодей, притворяющийся святым //ср. волк в овечьей шкуре

बग़लें झाँकना
в трудных обстоятельствах или во время испытания приходить в замешательство, смущаться или терять дар речи

बग़लें बजाना
неподобающим образом проявлять слишком большую радость, быть вне себя от радости

बच्चों का खेल
совсем лёгкое, пустячное дело

बछिया/पड़िया का ताऊ
простофиля, неразумный, невежественный человек

बट्टा लगना
1. получать позорное клеймо, дурную славу
2. получать финансовый ущерб

बढ़-बढ़कर बोलना
1. разговаривать, не соблюдая правила, границы приличия
2. непочтительно обращаться к старшим

बतासे-सा घुलना
1. быстро исчезать, быстро сходить на нет 2. не исполнить собственного решения

बत्ती लगाना
полностью уничтожить, пустить на ветер

बत्तीसी दिखाना
бесстыдно скалить зубы; неуклюже, непристойно смеяться

बत्तीसी बजना
сильно мёрзнуть

बदन टूटना
испытывать ломоту в суставах, теле

बदन फलना
покрываться сыпью, прыщами

बदन में आग लगना
приходить в ярость

बधिया बैठना

1. потерпев большие убытки, разориться // ср. остаться без гроша в кармане 2. остановиться (о проекте)

बन आना

внезапно получать подходящий шанс, чтобы исполнить своё желание; выгодно сделать свои дела

बन पड़ना

быть в силах, в состоянии сделать что-л.

बम बोल जाना

потерять силу, богатство или запасы

बर खाँचना

1 проявлять твёрдость в каком-л. деле 2. твёрдо обещать, давать обет 3. упрямиться; упорствовать

बरस पड़ना

в порыве гнева обрушиться на кого-л., высказывать всё, что накопилось, долго ругать, отчитывать кого-л.

बराबर करना

полностью уничтожить, растратить (о сбережениях, богатстве, репутации, труде)

बर्रे/भिड़ के छत्ते को छेड़ना

1. браться за рискованное дело; осознанно доводить себя до беды 2. приставать к драчуну, враждовать с человеком, готовым в любой момент ввязаться в драку

बर्रे के छत्ते में हाथ डालना

1. браться за рискованное дело; осознанно доводить себя до беды 2. приставать к драчуну, враждовать с человеком, готовым в любой момент ввязаться в драку

बल खाना

1. терпеть убыток 2. быть гибким 3. обижать, ругать кого-л.

बला/बलाएँ लेना

благославлять кого-л., касаясь его головы, тем самим желать все его напасти взять на себя

बला मोल लेना

сознательно ввязываться в рискованную ситуацию; навлекать на себя неприятности

बलि चढ़ना

ради высокой цели или идеала жертвовать жизнью; жертвовать всем

बलि का बकरा

человек, которому ради спасения других приходится брать на себя убытки, признавать себя виновным, нести наказание, жертвовать собой// экв. козёл отпущения

बलिहारी/बलैयाँ लेना
благославлять кого-л., касаясь его головы, тем самим желать все его напасти взять на себя

बहती गंगा में हाथ धोना
делать так же, как делает большинство, извлекая из этого выгоду //ср. плыть по течению

बहरा बनना
1. притворяться глухим, как будто не услышал кого-л. 2. вынужденно молчать, не возражать на несправедливое замечание

बहा फिरना
иметься в таком изобилии, чтобы потерять всякую ценность

बहार पर आना
достигать расцвета в красоте, молодости, карьере

बहुओं के हाथ चोर मरवाना
не подумав, поручить какое-л. дело человеку, который совсем не подходит для этого

बाँछें/बाछें खिलना
сильно радоваться, широко улыбаться

बाँदी का बेटा
1. послушный слуга
2. ничтожный человек

बाँस पर चढ़ना
1. поддаваться похвале или подстрекательствам
2. возгордиться в результате излишней похвалы 3. иметь дурную славу

बाँसा फिर जाना
искривляться (о носе) — считается признаком близкой смерти

बाँसों उछलना
прыгать от радости, быть вне себя от радости

बाँह ऊँची/बुलंद होना
1. быть смелым и отважным 2. быть добрым и щедрым

बाँह की छाँह लेना
идти под защиту могущественного человека

बाँह गहना/पकड़ना
1. брать кого-л. под свою защиту, в любое время приходить ему на помощь
2. жениться; взяв женщину под защиту, жениться на ней

बाँह चढ़ाना
1. приготовиться делать что-л., предпринять какой-то шаг //экв. засучить рукава 2. приготовиться лезть в драку //экв. держать кулаки наготове

बाँह टूटना
остаться без самого близкого друга, помощника или брата

बाँह देना
оказывать поддержку, помощь попавшему в беду

человеку //экв. протягивать руку

बाँह पकड़ना/गहना

1. брать кого-л. под свою защиту, в любое время приходить ему на помощь 2. жениться; взяв женщину под защиту, жениться на ней

बाई चढ़ना

чересчур зазнавшись, заниматься бесполезными делами, нести несуразицу

बाई पचना

исчезать, пропадать (о спеси)

बाएँ/बायें हाथ का काम/खेल

лёгкое, плёвое дело

बाएँ/बायें हाथ से गिनवा/रखवा लेना

без особого труда получить с кого-л. долг

बाग उठाना/लेना

брать контроль, бразды правления, ответственность в свои руки

बाग मोड़ना

обращать чьё-л. внимание в другую сторону, занять его другим делом, поменять его направление

बाग हाथ से छूटना

1. больше не иметь власти 2. пропустить свой шанс, упустить контроль из своих рук

बाछें/बाँछें खिलना

сильно радоваться, широко улыбаться

बाज़ आना

отказываться, воздерживаться от чего-л.; бросать привычку, зарекаться

बाज़ार का गज

бродяга, неприкаянный человек

बाज़ार के भाव देना

очень сильно прилюдно избивать кого-л.

बाज़ार गरम होना

1. быть оживлённой (о торговле) 2. пользоваться большим спросом (о каком-л. товаре, деле) 3. быть распространённым

बाज़ार तेज़ होना

1. пользоваться большим спросом 2. дорого стоить 3. хорошо развиваться, идти в гору (про бизнес); быть в разгаре, идти полным ходом

बाट जोहना

ждать, ожидать кого-л.; высматривать кого-л.

बाट पड़ना

1. чинить препятствия кому-л. в дороге, донимать его 2. быть ограбленным в дороге 3. быть похищенным, украденным в дороге

बाट पारना

грабить путешественников

बाट लगाना

1. показывать правильный

путь или наставлять на правильный путь кого-л. 2. объяснять, как правильно делать что-л. 3. (ирон.) оставлять в дураках, направив на неверный путь

बाढ़ पर चढ़ाना
подстрекать кого-л. сделать что-л.

बात आँचल/पल्ले में बाँधना
старательно, навсегда запомнить чьи-л. слова // экв. завязать узелок на память

बात आना
возникать (о ситуации, при которой кто-л. может быть обвинён в чём-л.)

बात उठाना
заводить разговор, поднимать тему

बात उड़ाना
1. пропускать мимо ушей чьи-л. слова
2. уклоняться от выполнения просьбы, приказания 3. не слушаться кого-л. 4. считая какие-л. слова незначительными, не воспринимать их всерьёз, превращать в шутку

बात का कच्चा
человек, не держащий своё слово

बात का धनी/पक्का
человек, твёрдо держащий своё слово

बात का बतंगड़ बनाना
преувеличивать незначительную тему, раздувать ссору //экв. делать из мухи слона

बात कान (में) पड़ना
быть в курсе дела, быть уведомлённым о чём-л

बात की जड़/तह
суть дела

बात गाँठ बाँधना
старательно, навсегда запомнить чьи-л. слова // экв. завязать узелок на память

बात घूँट/घोंट जाना
1. увидев или услышав что-л. необычное, держать это в секрете, никому не говорить об этом 2. из-за моральных ограничений или проявляя сдержанность или дальновидность, не высказывать вслух то, что было уже на кончике языка

बात चबा जाना
испугавшись чего-л. или исходя из своего интереса, остановиться на полуслове или совершенно поменять разговор

बात न पूछना
1. проявляя неуважение к кому-л. не обращать внимания на него; считая кого-л. ничтожным, не общаться с ним

2. не проявлять заботу, беспокойство о ком-л.
3. не оказывать почёт кому-л., не встречать, не приветствовать кого-л.

बात पचना
1. поняв смысл чего-л., принять это 2. хранить тайну, секрет

बात पल्ले/आँचल में बाँधना
старательно, навсегда запомнить чьи-л. слова // экв. завязать узелок на память

बात बनना
1. осуществляться, исполняться (о деле), добиваться своей цели
2. вовремя улаживаться (о выходящей из-под контроля ситуации, о не получающемся деле)

बात मुँह पर लाना
при подходящем случае произносить вслух то, что было на душе

बात रखना
1. выказывая любовь, уважение, благосклонность к кому-л., исполнять его желание, выполнять его просьбу, каприз (часто о ребёнке) 2. исполнять своё или чьё-л. обещание //экв. держать слово

बात लगना
переживать неприятное чувство от насмешек, колкостей, обидных слов в свой адрес

बात हारना
оказываться в ситуации, когда надо непременно исполнить данное ранее обещание

बातें बनाना
1. преувеличивать, говоря о чём-л. 2. сочинять, говорить неправду и бессмыслицу //ср. плести небылицы
3. очень умело сочинять всякие небылицы, чтобы завоевать чьи-л. симпатии, повернуть ситуацию в свою пользу

बातें लगाना
клеветать на кого-л.; распускать сплетни про кого-л. //ср. наговаривать

बातें सुनाना
ругать, бранить, порицать, отчитывать кого-л.

बातों में आना
поддаваться на чьи-л. разговоры; попадаться на удочку; поверив чьим-л. наставлениям, советам, вести себя соответственно

बातों में उड़ाना
1. вести пустые, ненужные разговоры, чтобы отвлечь внимание от насущной темы, вопроса
2. отшучиваясь, откладывать серьёзный вопрос, не давать обсуждать его

बातों में लगाना
очень ловко, хитро заводить разговоры, чтобы отвлечь чьё-л. внимание или помешать ему сосредоточиться на чём-л.

बादल देखकर घड़े फोड़ना
1. на радостях поступать безрассудно, ошибаться
2. соблазнившись возможной в будущем выгодой, терять то, что имеешь на руках

बादल में थिगली लगाना
совершать невозможное, выполнять трудновыполнимую задачу // экв. хватать звёзды с небес

बाना बाँधना
1. брать на себя ответсвенность
2. усваивать чью-л. манеру

बाप बनाना
1. добиваясь своей цели, льстить кому-л. 2. по-настоящему уважать, почитать кого-л.

बायाँ कदम लेना
признавать чьё-л. превосходство, а своё поражение

बायाँ देना
1. не попадать в цель; уклоняться от удара
2. пренебрегать чем-л., не обращать внимания (на недостатки и т. п.) 3. ходить вокруг кого-л., обхаживать кого-л.

बायें/बाएँ हाथ का काम/खेल
лёгкое, плёвое дело

बायें/बाएँ हाथ से गिनवा/रखवा लेना
без особого труда получить с кого-л. долг

बारह बाट करना/घालना
раскидав, разбросав что-л. довести это до уничтожения, разрушения

बाल की खाल खींचना/निकालना
1. выискивать и показывать в чём-л. незначительные, несущественные недостатки; придираться
2. находить тонкие отличия в чём-л.

बाल धूप में पकना
несмотря на преклонный возраст, не иметь опыта и знаний

बाल धूप में सफ़ेद होना
несмотря на преклонный возраст, не иметь опыта и знаний

बाल तक न खिसकना
не пострадать от ударов // экв. и волос с головы не упал

बाल बाँका न होना
не получать ни малейшего вреда от чьих-л. действий

बाल-बाल बचना
едва спастись, уцелеть при кризисе, аварии //ср. быть на волоске

बासी कढ़ी में उबाल आना
1. появляться в старости (о молодом задоре)

2. поздно спохватываться
3. молодиться

बिजली गिरना
1. неожиданно попадать в большую беду; оказываться полностью уничтоженным, разрушенным 2. внезапно случаться (о большой беде, несчастье) //ср. гром среди ясного неба

बिन-पेंदी/बेपेंदी का लोटा
человек, не имеющий твердых убеждений; всё время меняющий своё решение под влиянием чужих мнений

बीड़ा उठाना
брать на себя ответственность за выполнение какого-л. важного или рискованного дела

बीड़ा/पान देना
1. поручать кому-л. ответственное дело 2. при совершении сделки давать небольшой аванс

बुत बनना/होना
остолбенеть

बेगार टालना
без желания выполнять какую-л. работу; небрежно завершать какую-л. работу, лишь бы отделаться от неё

बेड़ा गर्क होना
полностью расстроиться (о каком-л. деле)

बेड़ा पार करना/लगाना
помогать кому-л. совершить какое-то сложное, трудное или кажущееся невозможным дело

बेड़ा बाँधना
собирать в одном месте большую группу людей

बेपर की उड़ाना
распространять слухи; рассказывать небылицы

बेल मँढ़े चढ़ना
успешно завершаться (о каком-л. начатом деле)

बैर/वैर मोल लेना
сознательно поступать так, чтобы возникали разногласия; спорить с кем-л. так, чтобы нажить себе врагов

बोझ/भार उठाना
1. браться за выполнение какого-л. важного, трудного дела 2. брать на себя ответственность за что-л. //ср. нести груз ответственности

बोझ/भार उतरना
1. сваливаться с плеч (о бремени) 2. освободиться от тревоги, беспокойства, ответственности //экв. скинуть груз

बोटी-बोटी फड़कना
чувствовать прилив сил и радостное возбуждение во всём теле

बोरिया-बिस्तर बाँधना/समेटना
1. готовиться к отъезду
2. уехать с вещами

बोल चबाना
проявляя сдержанность, не произносить те слова, которые в порыве гнева готовы были сорваться с языка //ср. держать себя в руках

बोल जाना
1. морально уставать, признавать своё поражение 2. стать негодным ни на что (о вещах) 3. обанкротиться 4. портиться

बोलती बंद होना
1. не знать, что ответить 2. от волнения, замешательства, испуга и т. п. лишиться дара речи

बोली कसना/बोलना
насмехаться над кем-л., дразнить кого-л.; говорить колкости

भ

भंडा/भाँडा फोड़ना
1. рассказать о плетущемся кем-л. заговоре, интриге
2. раскрывать чей-л. секрет

भंडाफोड़ होना
1. узнавать о плетущемся кем-л. заговоре, интриге
2. раскрываться (о секрете, который кто-л. пытается скрывать от всех)

भँवर में पड़ना/ग़ोते खाना
1. попадать в очень трудное положение
2. растеряться, попав в трудную ситуацию

भट्टी/भट्ठी दहकना
1. иметь большой успех (о чьём-л. деле); усиленно развиваться (о каком-л. предприятии, деле)
2. (ирон.) получать хороший доход //ср. стричь купоны

भड़साई दहकना/धिकना
1. иметь большой успех (о чьём-л. деле); усиленно развиваться (о каком-л. предприятии, деле)
2. (ирон.) получать хороший доход //ср. стричь купоны

भत्ती खाना
выражать соболезнование

भद्रा उतरना
потерпеть большой ущерб (чаще денежный), попадать в бедственное

положеие, в тяжёлую ситуацию

भद्रा लगाना
желая нанести вред кому-л., чинить препятствия в его работе

भरा बैठना
быть исполненным гнева из-за накопившегося в разное время и по разным причинам недовольства

भरी थाली पर लात मारना
1. отказываться от твёрдого заработка
2. отказываться от привлекательного предложения, большого соблазна

भाँडा/भंडा फोड़ना
1. рассказать о плетущемся кем-л. заговоре, интриге
2. раскрывать чей-л. секрет

भाँड़े भरना
раскаиваться в чём-л., сожалеть о чём-л.

भाड़ झोंकना
1. напрасно трудиться
2. заниматься незначительными, никчёмными делами, пустяками

भाड़ में झोंकना/डालना
досл. выбрасывать в очаг//
1. игнорировать какую-л. вещь, чьи-л. слова, считая незначительными 2. будучи недовольным кем-л., стать совершенно равнодушным к нему; проявлять к нему полное неприятие //экв. гори оно огнем; гори всё синим пламенем

भाड़े का टट्टू
1. наёмный работник
2. беспринципный человек
3. наёмник (в армии)

भानमती/भानुमति का पिटारा
(ирон.) корзина или ящик, содержащий самые разнообразные предметы

भार/बोझ उठाना
1. браться за выполнение какого-л. важного, трудного дела 2. брать на себя ответственность за что-л. //ср. нести груз ответственности

भार/बोझ उतरना
1. сваливаться с плеч (о бремени) 2. освободиться от тревоги, беспокойства, ответственности //экв. скинуть груз

भारी पड़ना/होना
1. быть сильнее кого-л.
2. оказываться тяжёлым (о бремени расходов на ведение хозяйства, пропитание и т. п.)
3. оказываться трудным, мучительным или вредным (о каком-л. деле)

भिड़/बर्रे के छत्ते को छेड़ना
1. браться за рискованное

дело; осознанно доводить себя до беды 2. приставать к драчуну, враждовать с человеком, готовым в любой момент ввязаться в драку

भिड़/बर्रे के छत्ते में हाथ डालना
1. браться за рискованное дело; осознанно доводить себя до беды 2. приставать к драчуну, враждовать с человеком, готовым в любой момент ввязаться в драку

भीगी बिल्ली
жалкий, ничтожный человек //экв. мокрая кошка

भीगी बिल्ली बनना/होना
бояться принимать какой-л. вызов или сталкиваться с какой-л. ситуацией

भीत में दौड़ना
иметь решимость браться за такое дело, которое изначально кажется невыполнимым

भीतर का कुआँ
хорошая или полезная вещь, которая из-за своей малодоступности становится бесполезной

भुरकस/भुरकुस निकलना
1. разрушаться, превращаться в прах 2. быть сильно измотанным от тяжёлой работы, от сильной трёпки

भूँजी/भूनी भाँग न होना
быть совершенно нищим //экв. не иметь ломаного гроша

भूत उतरना
1. переставать злиться, остывать 2. проходить (о поглощающем стремлении делать что-л.)

भूत उतारना
хорошенько побить кого-л., чтобы выбить из него спесь

भूत का पकवान
про деньги, которые легко, без труда достаются, а затем также легко и быстро растрачиваются //ср. шальные деньги

भूत की मिठाई
про деньги, которые легко, без труда достаются, а затем также легко и быстро растрачиваются //ср. шальные деньги

भूत चढ़ना/सवार होना
быть поглощённым стремлением сделать какое-л. дело; быть полностью поглощённым какой-л. идеей

भेजा खाना/पकाना
доводить, изводить кого-л. какими-л. разговорами, расспросами, постоянными просьбами, напоминаниями //экв. проедать мозги

भैंस के आगे बीन बजाना
вести умные и моральные речи с абсолютно безмозглым человеком // ср. метать бисер перед свиньями

भौंह जोहना
угадывать чьё-л. настроение, чтобы завоевать его расположение или избежать его гнева

म

मंज़िल मारना
1. добираться куда-л., несмотря на неподходящие обстоятельства (большое расстояние, трудная дорога, отсутствие средств и т. п.) 2. успешно завершить какое-л. большое дело или его основную часть

मकर गाँठना/साधना
скрывая своё истинное положение и намерения, притворяться, вводя других в заблуждение //ср. водить за нос

मक्खन लगाना
хвалить кого-л., чтобы достичь своей цели, корысти //ср. умасливать кого-л.

"मक्खी छोड़ना हाथी निगलना"
лицемерно ограничивать себя в мелочах, попустительствуя себе по-крупному

मक्खी मारना
бездельничать, впустую тратить время //экв. бить баклуши

मगज़ खाना
доводить, изводить кого-л. какими-л. разговорами, расспросами, постоянными просьбами, напоминаниями //экв. проедать мозги

मगज़ खौलना
отказываться работать (о мозге) из-за переутомления или сильного гнева

मगज़ चलना
1. возгордившись, вести себя бестактно, распущенно 2. сойти с ума, лишиться рассудка

मगरमच्छ के आँसू बहाना
притворно выражать сожаление или сочувствие по поводу чьего-л. горя, ущерба //экв. лить крокодиловы слёзы

मज़ा किरकिरा होना

испортиться (об удовольствии)

मज़ा चखाना
давать достойный отпор тому, кто пытается нанести вред, оскорбить или несправедливо воспользоваться чем-то чужим

मझधार में छोड़ना
1. бросить кого-л. в беде 2. ввести кого-л. в трудное положение 3. оставить какое-л. дело на полпути

मतलब गाँठना/निकालना
достигать своей корыстной цели

मथानी पड़ना/बहना
возникать из-за какого-л. действия (о переполохе среди людей или препятствии в каком-л. деле)

मद पर आना
1. входить в раж 2. быть в расцвете молодости

मन आना
1. сильно нравиться //ср. быть по душе
2. чувствовать влечение к кому-л., “западать” на что-л., кого-л.

मन कच्चा करना
1. терять решимость, смелость; опускать руки
2. быть чрезвычайно эмоциональным, в трудные моменты сильно переживать

मन का कच्चा
нерешительный, слабовольный человек

मन का मारा
грустный, подавленный или по какой-л. причине опустивший руки человек

मन का खोटा/मैला
человек, у которого в душе преобладают зависть, враждебность, лживость и т. п.; коварный, бесчестный человек //экв. грязная душонка

मन की मन में रहना
1. не иметь возможности поделиться с кем-л. тем, что накипело на душе
2. остаться неисполненным (о каком-л. желании)

मन के लड्डू खाना
строить воздушные замки и радоваться им; радоваться своим несбыточным мечтам, тщетным надеждам //ср. сладкие грёзы

मन खट्टा होना
чувствовать неприязнь к кому-л. из-за его недостойного поведения

मन ख़राब करना
своими словами или поведением рождать в ком-л. дурные чувства

मन ख़राब होना/बिगड़ना
1. возникнать (о чувствах отвращения, безразличия)

из-за чьего-л. недостойного поведения или нездоровья 2. чувствовать тошноту

मन खिलना

расцветать от радости; радоваться своим или чьим-л. успехам

मन गिरना

терять душевные силы, энтузиазм от снедающих забот, страхов, горя //экв. падать духом

मन चलना

1. увидев какую-л. хорошую вещь, загореться желанием заиметь её 2. терять контроль над собой, становиться необузданным, своевольным, вступать на дурной путь //ср. потерять голову

मन चुराना

1. очаровывать кого-л.; завоёвывать чьё-л. сердце 2. уклоняться от какого-л. дела, отлынивать от своих обязанностей

मन छोटा करना

1. терять мужество, проявлять малодушие в момент беды 2. терять надежду 3. отнимать, лишать кого-л. надежды 4. скупиться //ср. малодушничать

मन टटोलना

стараться понять, что у кого-л. на душе

मन डोलना

1. постоянно колебаться, испытывать смятение в мыслях, чувствах и т. п.; быть не в состоянии сосредоточиться на чём-л. одном 2. сильно радоваться 3. увидев какую-л. хорошую вещь, загореться желанием заиметь её 4. поддаваться соблазну, проявлять необузданность

मन फटना/फिरना

чувствовать внезапную неприязнь к кому-л. из-за его недостойного поведения; не чувствовать прежней симпатии к кому-л., чувствовать отвращение, равнодушие к нему

मन बैठना

из-за какого-л. печального события терять желание делать что-л., надежду на что-л.; отчаиваться

मन भरना

“пресытиться чем-л., кем-л. (едой, чтением, общением и т. п.) и потерять к этому интерес //экв. сыт по горло”

मन भारी होना

чувствовать боль, печаль на душе от неприятного сообщения, события

मन मारना

по собственному желанию или в силу каких-л. причин

подавлять свои желания, контролировать свои чувства

मन मिलना

1. сходиться характерами с кем-л. 2. чувствовать душевную близость к кому-л. в силу схожести интересов, мыслей, характера

मन में चोर होना

1. при внешне пристойном поведении в душе быть неискренним, готовым на обман, испытывать чувство вины 2. совершив какой-л. дурной поступок, потерять покой, постоянно быть в напряжении

मन मैला करना

появляться (о недобрых чувствах к кому-л.)

मन रखना

выказывая любовь, уважение к кому-л., исполнять его желание, выполнять его просьбу, каприз

मन लगना

1. чувствовть влечение к кому-л., влюбиться в кого-л. 2. иметь интерес к-чему-л., с интересом, душой заниматься каким-л. делом //ср. душа лежит к чему-л. 3. привыкнуть к кому-л., чему-л. (о человеке, месте, работе) и полюбить это

मन लगाना

1. отдать своё сердце кому-л., полюбить 2. сосредоточить всё своё внимание на каком-л. деле, вкладывать в него душу

मन लेना

пытаться проникнуть к кому-л. в душу, понять, что у него на душе

मन से उतरना

1. терять уважение, привязанность, любовь к кому-л., чему-л. 2. стать настолько безразличным к кому-л., что даже забыть о нём //ср. выбросить из сердца

मन हरा होना

1. сильно обрадоваться, увидев что-л. очень хорошее или любимого человека; расцвести от радости 2. перейти от печали к радости

मन हरना

очаровать кого-л.

मनका ढलकना/ढलना

досл. "появляться" о кривой шее (голова валится набок), т. е. признаке близкой смерти// быть при смерти

मरघट का भुतना

безобразный, очень некрасивый человек

मरते/मरे को मारना

причинять страдания,

мучить того, кто и так замучен //ср. добивать

मर-खपकर/मर-मरकर जीना

жить кое-как, преодолевая большие трудности и мучения, ведя тяжёлую борьбу за существование

मरने (तक) की छुट्टी/फ़ुरसत न होना

не иметь ни минуты передышки, быть чересчур занятым

मर मिटना

1. отдавать все силы ради выполнения какого-л. дела, дойти из-за этого до изнеможения
2. жертвовать собой ради какого-л. идеала 3. быть готовым погибнуть ради своей любви

मरा/मरे जाना

1. сильно беспокоиться, переживать за какое-л. дело 2. быть очень эмоциональным по отношению к кому-л.
3. чувствовать непреодолимое желание сделать или получить что-л. //экв. до смерти хотеть

मरम्मत करना

давать сильную трёпку кому-л. с целью исправить его или наставить на правильный путь

मरियल टट्टू

кляча (беспомощный или ленивый человек)

मरोड़ खाना/गहना

всё время быть на взводе от гнева, наполняться чувством собственного величия и т. п.

मलार/मल्हार गाना

вести совершенно спокойную, счастливую жизнь

मशाल लेकर ढूँढ़ना

досл. искать с лампадой в руках// тщательно искать кого-л., что-л. [обычно используется, чтобы выразить исключительность кого-л., чего-л. — сколько ни ищи другого такого не найдёшь на всём свете]

मसनद का गधा

богатый глупец

मस्तक/माथा ऊँचा रखना

1. делать какое-л. очень хорошее и почётное дело
2. жить с честью //экв. жить с гордо поднятой головой

महाभारत छिड़ना

1. начаться (о противостоянии, в котором обе стороны обречены на уничтожение)
2. происходить (о сильных распрях)

माँग उजड़ना

становиться вдовой

माँग-कोख से सुखी रहना

быть счастливой, иметь детей (используется как благословение)

माँग भरना
досл. красить пробор// брать в жёны; выдавать замуж

माँ-बहन करना
материться

माई का लाल
человек, готовый проявить храбрость, жертвенность, готовый рисковать

माट बिगड़ जाना
окончательно и бесповоротно испортиться (о характере, деле)

माथा कूटना/पीटना
1. проклинать свою судьбу 2. раскаиваться, сожалеть //ср. рвать на себя волосы

माथा घिसना/रगड़ना
покорно, униженно просить кого-л. о чём-л.; льстить кому-л.; долго и беспрерывно просить бога или могущественного человека о чём-л. //экв. бить челом

माथे टीका होना
иметь какое-то особое качество и благодаря этому в своём кругу считаться лучшим, значительным

माथा टेकना
низко кланяться, приветствуя кого-л.

माथा ठनकना
услышав, увидев или узнав что-л. подозревать что-то неладное; предчувствовать что-то недоброе

माथे पर बल पड़ना
хмуриться; проявляться на лице (о выражении недовольства, злобы и т. п.)

मान मथना
сбивать с кого-л. спесь

मामी पीना
1. не признавать свою вину или ошибку 2. не реагировать на обвинение 3. лоббировать чьи-л. интересы

मार खाना
терпеть убыток в каком-л. деле

मार लेना
хитростью, обманом либо силой завладеть чужой вещью, имуществом

मारा-मारा फिरना
1. скитаться, попав в беду, терпя унижения 2. обивать пороги в поисках кого-л., чего-л. 3. бесцельно бродить

माल उड़ाना
1. вовсю пользоваться имеющимися средствами, разбазаривать то, что досталось тебе временно 2. наслаждаться вкусностями

माल काटना/मारना
умело зарабатывать или присваивать чужое богатство

माला जपना/फेरना

всё время или очень часто вспоминать кого-л., говорить о нём

मावा निकालना
сильно избивать кого-л.

माहर का फल
внешне приятный, но по харктеру злой человек

माहुर की गाँठ
1. вредная и ядовитая вещь 2. жестокий, бессердечный человек; очень хитрый и вредный человек

मिज़ाज न मिलना
считать себя выше или лучше всех, сильно зазнаваться

मिट्टी उठना
скончаться, умереть; увозить тело на последний ритуал //ср. проводить в последний путь

मिट्टी करना
испортить какое-л. дело, довести что-л. до разрушения, уничтожения //экв. сравнять с землёй

मिट्टी का/के माधव/माधो
простофиля, неумёха, дурак

मिट्टी के मोल
вещь, которая дёшево продаётся или имеет копеечную цену //ср. стоить гроши

मिट्टी ख़राब करना
1. доводить кого-л. до бедственного положения, что-л. до состояния разрушения 2. опозорить кого-л.

मिट्टी ठिकाने लगाना
подобающим образом совершить последние ритуалы

मिट्टी/ख़ाक डालना
1. делать так, чтобы какой-л. неприятный или порочащий кого-л. факт не стал достоянием общей гласности 2. пренебрегать чем-л., не обращать внимание на что-л., считая это незначительным

मिट्टी पलीद करना
1. доводить кого-л. до бедственного положения, что-л. до состояния разрушения 2. опозорить кого-л.

मिट्टी होना
испортиться (о каком-л. деле), разрушиться (о какой-л. вещи) 2. умереть

मिर्च/मिर्ची/मिर्चें लगना
1. чувствовать острую неприязнь, услышав от кого-л. горькую правду, сгорать от гнева 2. сильно завидовать

मीठी छुरी
лицемер, завлекающий других в свои сети сладкими речами; предатель

मीन-मेख निकालना
придираться по пустякам; мешать кому-л., чему-л., выискивая всякие причины для придирок

मीनाकारी छाँटना
1. напрасно придираться
2. в обычной речи использовать заумные слова, чтобы произвести впечатление на других

मुँह उजला होना
доставаться благодаря благим деяниям (об авторитете, славе)

मुँह उठाकर कहना
1. говорить всё, что придёт на ум, не раздумывая
2. смело и уверенно говорить, высказываться

मुँह उठाये चले आना
1. идти на какое-л. дело (напр., на экзамен и т. п.) без всякой подготовки; идти к кому-л. без предупреждения 2. смело, без всякого смушения идти куда-л.

मुँह उतरना
1. сильно похудеть, осунуться от болезни
2. терять блеск, ясность лица, побледнеть от стыда, униижения и т. п. //экв. спасть с лица

मुँह का कच्चा
1. человек, чьё слово не заслуживает доверия 2. человек, который не умеет хранить тайны
3. строптивая, непослушная лошадь

मुँह का कौर/निवाला
1. лёгкое, пустяковое дело
2. вещь, которую кто-л. может получить легко и на законном основании

मुँह काला करना/करवाना
1. недостойным поведением навлечь на себя большой позор
2. будучи униженным, незаметно ретироваться откуда-л. 3. удалить, прогнать кого-л., сильно обесчестив и опозорив
4. спутаться с чужим партнёром

मुँह की खाना
1. предприняв какой-л. безрассудный шаг, получить постыдный результат 2. быть опозоренным, сражённым противником
3. чувствовать стыд, унижение из-за того, что, переоценив себя, не смог справиться с делом

मुँह की बात छीनना
опередить собеседника в высказывании одной и той же мысли //экв. снять с языка

मुँह की मक्खी (तक) न उड़ा सकना
1. совсем ослабеть от

старости, болезни и т. п., стать совершенно бессильным 2. быть абсолютно ленивым

मुँह कीलना
1. затыкать рот кому-л., не давать говорить
2. принять обет молчания, не произносить ни слова

मुँह के बल गिरना
потерпеть поражение в каком-л. деле из-за собственной неосмотрительности или чьего-то обмана; нести большие убытки, необдуманно занявшись чем-л.

मुँह खुलना
1. с трудом заставить себя заговорить или набраться смелости произнести пару слов 2. иметь обыкновение дерзить, распускать язык

मुँह खुलवाना/खुलाना
1. побуждать, подстрекать, заставлять кого-л. говорить что-то нелицеприятное, неподобающее 2. сделать кого-л. дерзким, наглым

मुँह खोलना
1. говорить что-л., желая донести свои слова до другого 2. настойчиво просить, выпрашивать
3. сквернословить, ругаться 4. раскрыть какой-л. секрет

मुँह चलना/चलाना
1. быстро, много, без умолку говорить 2. говорить дерзко, нахально
3. деланно, театрально говорить, хвастаться 4. двигаться (о челюстях во время еды), жевать, есть что-л.

मुँह चुराना/छिपाना
1. стесняться кого-л., стараться не попадаться на глаза кому-л.
2. избегать кого-л., будучи его должником

मुँह जोहना
1. заискивать перед кем-л., стараться не вызвать чьё-л. неудовольствие
2. быть готовым в любой момент прийти на помощь уважаемому или родному человеку 3. стараться угадать волю значимого человека по его лицу и тут же выполнить её //ср. читать на лице

मुँह ताकते रह जाना
1. растеряться, не понимать ничего из-за сильного удивления // ср. сидеть, раскрыв рот 2. чувствовать себя растерянным и беспомощным

मुँह ताकना/देखना
1. надеяться получить что-л. от кого-л. 2. молча сидеть в полном бессилии

3. молча смотреть на кого-л. в изумлении //ср. заглядывать в рот

मुँह दिखाना

появляться ненадолго где-л. ради соблюдения формальностей

मुँह देखकर जीना

сосредоточить всё своё внимание и заботу на ком-л., сделав его центром своей жизни, возлагая на него надежды на будущее (часто про мать, оставшуюся с ребёнком на руках)

मुँह-देखी करना

вести себя в соответствии с чьим-л. настроением или желанием; проявлять пристрастность к кому-л.

मुँह देखकर बीड़ा देना

оказывать кому-л. соответсвущий его статусу почёт и уважение; относиться к кому-л. в соответствии с его общественным положением

मुँह देखते रह जाना

1. от сильного удивления, поражения растеряться, не понимать ничего
2. в растерянности беспомощно уставиться на кого-л.

मुँह धो रखना

оставить всякую надежду получить что-л.

मुँह (तक) न देखना

сторониться, избегать кого-л., чего-л. чувствуя к нему отвращение, брезгливость, стыд, страх и т. п.

मुँह पकड़ना

затыкать кому-л. рот, заставлять кого-л. молчать

मुँह पर कहना

смело, безбоязненно говорить кому-л. в глаза то, что о нём думаешь //ср. резать правду-матку

मुँह पर जाना

1. общаться с кем-л. с оглядкой на его авторитет, возраст, положение и т. п.
2. доверять кому-л.

मुँह पर ताला/मुहर/मोहर लगना

быть вынужденным молчать, не иметь свободы высказываться

मुँह पर थूकना

сильно оскорблять кого-л., считая его презренным, омерзительным //экв. плевать в лицо

मुँह पर नाक न होना

не обращать внимания на позор, вызванный собственными неблаговидными поступками

मुँह पर मारना

давать или возвращать кому-л. что-то с презрением

или отвращением, проявляя своё недовольство //экв. швырять в лицо

मुँह पर हाथ रखना

1. не давать кому-л. говорить, выражать своё мнение 2. не говорить ни слова, не высказывать своё мнение в силу обстоятельств или принуждения //ср. заткнуть рот

मुँह पसारकर/बाकर दौड़ना

с жадностью бросаться на что-л., желая получить это

मुँह फेरना/मोड़ना

1. устав от кого-л. или расстроившись от его поведения, отвернуться от него, лишить его своей благосклонности, стать равнодушным, пренебрегать им 2. наносить кому-л. поражение

मुँह फुलाना

дуться, сердиться

मुँह पसारना/फैलाना/बाना

жаждать получить больше //ср. раскатать губу

मुँह बंद करना

1. силой или подкупом заставить кого-л. молчать 2. в споре поразить противника 3. хранить молчание 4. в деликатной ситуации попросить или заставить кого-л. хранить молчание

मुँह बनाना

1. выражать на лице недовольство, отвращение, презрение и т. п. 2. иметь надменное выражение лица

मुँह भरना

дать взятку с целью предотвращения каких-л. действий или распространения обвинений, клеветы //ср. дать на лапу

मुँह मारना

всячески искать возможность получить желаемое

मुँह मीठा कराना

по какому-л. радостному, счастливому поводу угощать окружающих сладостями или одаривать деньгами

मुँह में ख़ून लगना

1. появившись, входить в привычку (о пороке) 2. погрязнуть в пороках

मुँह में घी-शक्कर

говорится в ответ на добрые предсказания и слова утешения //экв. вашими устами мёд пить // ср. ваши слова да Богу в уши

मुँह में ज़बान न होना

1. не иметь смелости говорить, высказываться 2. очень мало говорить,

быть молчуном 3. говорить очень тихо, еле слышно

मुँह में तिनका लेना
униженно просить о чём-л.; выпрашивать прощение, защиту

मुँह में दही जमा होना
“(ирон.) хранить молчание о чём-л., ничего не говорить; не давать соответствующий ответ сразу во время спора, молчать //экв. воды в рот набрать”

मुँह में पानी भर आना
увидев какую-л. хорошую вещь, загореться желанием заполучить её

मुँह में लगाम देना/लगाना
1. контролировать чью-л. речь, не давать нагло разговаривать
2. контролировать кого-л. в приёме пищи

मुँह में लगाम न होना
говорить необдуманно, не выбирая выражений //экв. язык без костей

मुँह मोड़ना/फेरना
1. устав от кого-л. или расстроившись от его поведения, отвернуться от него, лишить его своей благосклонности, стать равнодушным 2. наносить кому-л. поражение

मुँह लगना
1. бесцеремонно обращаться с кем-л., пользуясь его расположением
2. пытаться вести с кем-л. откровенные беседы, чтобы сблизиться с ним 3. в конфликтной ситуации идти на спор, противостояние

मुँह लटकाना
выражать грусть, печаль и т. п. на лице

मुँह लाल होना
испытывать гнев, стыд и т. п. //экв. покраснеть

मुँह सिलना/सीना
1. силой или подкупом заставить кого-л. молчать
2. в споре поразить противника 3. хранить молчание 4. в деликатной ситуации попросить или заставить кого-л. хранить молчание

मुँह से दूध की गंध/बू आना
1. во взрослом возрасте быть наивным, простодушным или непонятливым //ср. молоко не обсохло на губах
2. быть безгрешным, как малое дитя

मुँह से लार टपकना
увидев какую-л. хорошую вещь, загореться желанием заиметь её //экв. слюнки текут

मुँहतोड़ जवाब देना
заткнуть кому-л. рот, дав неопровержимый ответ

मुट्ठी गरम करना
давать взятку

मुट्ठी में होना
быть полностью под чьей-л. властью

मुफ़्त की रोटियाँ तोड़ना
не работая, жить за чужой счёт

मुरचंग झाड़ना
сидеть и беззаботно вести разговор о том, о сём; наслаждаться пустым разговором

मुहर्रम की पैदाइश
человек, который всегда выглядит печальным, мрачным

मूँछ का बाल
(разг.) 1. человек, имеющийся очень тесные связи с кем-л., с какой-л. семьёй 2. человек, являющийся полезным, важным для какого-л. влиятельного человека

मूँछें उखाड़ना
1. сбивать с кого-л. спесь 2. строго наказывать кого-л.

मूँछें नीची होना
терять гордость, авторитет; быть пристыженным и опозоренным

मूँछों पर ताव देना
1. кичиться своей победой или храбростью, показывать своё превосходство 2. бросать вызов кому-л.

मूँछों पर हाथ फेरना
1. кичиться своей победой или храбростью, показывать своё превосходство 2. бросать вызов кому-л.

मूँड़ चढ़ाना
1. баловать, распускать кого-л., делать его дерзким 2. позволять кому-л. вести себя фамильярно, слишком сближаться с собой

मेख़ ठोंकना
1. сделать кого-л. ни на что не годным, лишив его уверенности в себе 2. наносить кому-л. решительное поражение

मेख़ मारना
чинить кому-л. препятствия в его почти завершённом деле //ср. ставить палки в колёса

मेंढकी को जुकाम होना
1. разыгрывать утончённость 2. притворяться, пытаться делать что-л., противоречащее ситуации, не соответствующее характеру или способностям делающего

मैदान मारना
победить в каком-л. соревновании, состязании, борьбе и т. д.

मैदान में उतरना
выходить на поле битвы, на соревнование,

состязание

मैदान साफ़ होना
быть свободным от препятствий (о предстоящей дороге)

मैदान हाथ आना/रहना
одерживать победу в борьбе, спортивном соревновании, в споре и т. п.

मोटा असामी
богатый, обеспеченный человек; человек, от которого ожидают получить кругленькую сумму //ср. дойная корова

मोती उगलना
1. быть очень урожайным (о каком-л. месте)
2. говорить очень приятные и красивые речи, говорить красноречиво

मोती रोलना
без особых усилий, с лёгкостью очень много заработать //ср. плывёт в руки

मोतियों से मुँह भरना
будучи довольным кем-л., задарить его //экв. засыпать жемчугом

मोम करना/बनाना
вызвать в ком-л. чувство сострадания, растопить чьё-л. сердце

मोम होना
1. размягчиться от сострадания 2. из-за слабости изменить своим принципам

मोमियाई निकालना
1. заставлять кого-л. заниматься изнурительным трудом 2. зверски избивать кого-л.

मौत आना
быть вынужденным заниматься делом, к которому нет ни интереса, ни способности; обрушиваться (о большой беде, несчастье)

मौत के घाट उतारना
отправить на тот свет, убить

मौत के दिन पूरे करना
перенося большие тяготы, кое-как жить, существовать; влачить жалкое существование

मौत के मुँह में जाना
рисковать своей жизнью

मौत (का) सिर पर खेलना
быть вовлечённым в какое-л. разрушительное, чрезвычайно рискованное дело //ср. играть со смертью

म्याऊँ का मुँह पकड़ना
делать опасное или очень трудное дело; исполнять самую трудную, тяжёлую или опасную часть какого-л. дела

म्याऊँ-म्याऊँ करना
говорить еле слышно или потерять от страха голос //экв. бормотать себе под нос

य

यश/जस मानना
быть глубоко признательным кому-л. за его доброту или благосклонность

यार-मार
человек, который предаёт друга или несправедливо использует его в своих интересах

र

रंग काछना
придумывать и применять новый ход, новый способ делать что-л.

रंग खेलना
брызгать друг на друга красками в праздник холи

रंग चढ़ना
подражать кому-л., чему-л., находиться под сильным впечатлением или влиянием

रंग चूना/टपकना
иметь мгновенно очаровывающую всех красоту

रंग जमाना
производить впечатление на других, получать от них похвалу за свою красоту, талант, деятельность и т. п. на каком-л. мероприятии

रंग पर आना
1. возникать (об атмосфере эстетического наслаждения на вечере, концерте и т. п.) 2. довести художественную красоту до пика, оттачивая своё искусство (об артисте) 3. быстро развиваться

रंग बाँधना
1. хвастаться, чтобы установить авторитет
2. притворяться, чтобы произвести впечатление // ср. краснобай

रंग बदलना
1. менять своё отношение к кому-л. 2. меняться (о чьих-л. идеях, принципах, идеалах) 3. измениться (о ситуации, о положении вещей)

रंग बरसना
1. иметь яркую и привлекательную внешность 2. царить (об атмосфере радости, наслаждения)

रंग बिगड़ना
1. быть потерянным, утраченным (о чьём-л. прежнем влиянии, авторитете) 2. ухудшаться (о чьём-л. положении)

रंग में ढलना
попав полностью под чьё-л. влияние, вести себя так, как он хочет или во всём подражать ему

रंग में भंग पड़ना/होना
возникать (о препятствиях) во время какого-л. радостного случая из-за какого-то нежелательного, неприятного или печального инцидента

रंग में रँगना
1. сделать так, чтобы кто-то начал разделять твои мысли и чувства, стать для кого-л. образцом для подражания 2. разделяя чьи-л. мысли и чувства, стать с ним единым целым, слиться

रंग लाना
появляться, проявляться (о результате каких-л. действий)

रँगा सियार
лицемер; очень дурной человек, прикидывающийся добрым

रँगे हाथ/हाथों पकड़ना
поймать кого-л. с поличным

रग उतरना
проходить (о гневе или настойчивом желании получить или сделать что-л.)

रग दबना
из-за своей слабости или по какой-л. другой причине быть вынужденным подчиняться чужой воле

रग पकड़ना/पाना
1. понять причину чьей-л. слабости или зависимости 2. понять, как успешно завершить какое-л. дело

रग फड़कना
предчувствовать надвигающуюся беду

रग-रग फड़कना
чувствовать большой прилив энтузиазма; быть сильно воодушевленным, испытывать наплыв чувств

रग-रग जानना/पहचानना/से वाक़िफ़ होना
досконально знать чей-л. характер

रसातल में पहुँचाना
разрушить что-л., уничтожить кого-л. //ср. стереть с лица земли

रस्सी ढीली छोड़ना
1. безразлично, халатно управлять каким-л. проектом или организацией
2. ослаблять контроль над подчинёнными (детьми,

учениками, народом и т. п.), разрешать им вести себя вольно

राई-काई करना
1. разбивать на мелкие кусочки 2. разрушать или ослаблять что-л.

राई-नोन उतारना
спасать ребёнка от сглаза [по традиции над головой ребёнка, которого сглазили, держат горчичные семена с солью, а затем эту смесь бросают в огонь]

राई का पहाड़ करना
сильно раздувать какое-л. незначительное дело //ср. сделать из мухи слона

रात दिन एक करना
усердно работать днём и ночью

राम-राम हो जाना
умереть

राम-राम होना
встретить кого-л., поздороваться с кем-л.

राहु बनना (होना)
досл. становиться Раху// приносить несчастье (в индийской мифологии Раху- демон, который проглатывает солнце и луну, вызывая этим затмение)

रीढ़ टूटना
1. потерять главную опору или основного помощника 2. стать бессильным и неспособным к работе

रुख फेरना/बदलना
1. не иметь прежней благосклонности к кому-л. 2. быть недовольным кем-л.

रुपया ठीकरी करना
1. безрассудно, не думая тратить деньги
2. заключать напрасную или неприбыльную сделку

रुपया पानी में फेंकना
1. безрассудно, не думая тратить деньги
2. платить большие деньги за какую-л. дешёвую или простую вещь

रुपये में तीन अठन्नी भुनाना
тратить деньги очень экономно; вкладывать деньги в выгодные предприятия

रूई की तरह तूमना
1. сильно избивать кого-л.
2. полностью испортить какую-л. вещь, сильно истрепав её 3. узнавать о ком-л., о чём-л. что-то скрытое //ср. глубоко копать

रूई की तरह धुनना
1. сильно избивать кого-л.
2. полностью испортить какую-л. вещь, сильно истрепав её

रूई-सूत में उलझना/लिपटना
быть полностью занятым

повседневными делами или мирскими хлопотами

रेख काढ़ना/खाँचना/खींचना
решительно, настойчиво высказывать своё мнение

रोंगटे/रोयें खड़े होना
испытывать сильные чувства (страх, радость, горе, волнение и т. п.) // ср. волосы встали дыбом; мурашки по коже

रोग पालना/लगाना
1. осознанно попасть в неприятности 2. взрастить в себе плохую привычку

रोड़े अटकाना
препятствовать развитию какого-л. дела //ср. вставлять палки в колёса

रोना गाना
жалостливо рассказывать кому-л. о своём горе, ожидая от него помощи и т. п.

रोशनी डालना
сделать какой-л. предмет более понятным и ясным; уточнить что-л. с учётом новых данных //экв. пролить свет

ल

लंगर करना
1. ненадолго останавливаться на каком-л. месте 2. шалить, баловаться

लँगोट कसना/बाँधना
быть готовым драться, лезть в драку

लँगोट का ढीला
распутный человек, бабник, развратник

लँगोट का सच्चा
1. девственник
2. нравственно чистый, духовный человек
3. семьянин, хранящий верность жене

लँगोटी पर फाग खेलना
несмотря на ограниченность ресурсов, жить жизнью, полной удовольствий и роскоши

लँगोटी बँधवाना
разорять кого-л. полностью

लँगोटी बिकवाना
1. сделать кого-л. нищим
2. отнять у нищего последнюю копейку
3. разорить и опозорить кого-л.

लंबा हाथ मारना
успешно заключать

какую-л. большую, прибыльную сделку

लंबा होना

1. уходить с какого-л. места, чтобы избежать неприятностей, спастись 2. отдыхать, лёжа с раскинутыми руками и ногами

लंबी तानना

спать спокойно, не зная никаких забот

लंबी तानकर सोना

спать спокойно, не зная никаких забот

लंबी साँस भरना/लेना

1. унывать, терять надежду 2. выражать горе 3. сожалеть

लकड़ी देना

кремировать на погребальном костре по индуистскому обряду

लकड़ी होना

1. сильно похудеть, ослабеть 2. черстветь (о какой-л. вещи) //ср. одеревенеть

लकीर का फ़क़ीर

человек, слепо следующий старым порядкам, не готовый что-л. менять в своём образе жизни; консерватор, ортодокс

लकीर/लीक पर चलना

слепо следовать давно заведённым порядкам, традициям

लक्ष्मण रेखा

черта, предел дозволенного

लगती बात

обидные и колкие слова, замечания

लगाई-बुझाई करना

разжигать ссору, притворяясь нейтральным посредником между двумя ссорящимися сторонами и наушничая и тем, и другим

लगाम कड़ी करना

1. усиливать контроль (над каким-л. проектом, организацией) 2. повышать дисциплину (среди детей или подчинённых)

लगाम ढीली करना/छोड़ना

1. халатно, без души управлять каким-л. проектом или организацией 2. ослаблять контроль над подчинёнными (детьми, учениками, народом и т. п.), разрешать им вести себя вольно

लगी बुझना

исполняться (о чьём-л. сокровенном желании)

लग्गे से पानी पिलाना

оказывать сильно нуждающемуся совершенно незначительную помощь

लट्टू होना

быть полностью

покорённым, восхищённым кем-л., чем-л.; находиться в состоянии влюблённости в кого-л.

लट्ठ लिए फिरना

1. быть кагегорически против кого-л., решительно возражать против чего-л.
2. быть всегда готовым к ссоре, драке

लड़ मिलाना

сближаться, сдруживаться с кем-л.

लड्डू खिलाना

отмечать праздник; закатывать пир

लड्डू बँटना/मिलना

без усилий получить выгоду или что-л. ценное, желанное (обычно встречается в вопросительной фразе) [Традиция раздачи сладостей (особенно ладду) в знаменательные дни существует в Индии уже много веков. Ладду часто раздают публично всем: знакомым и незнакомым, домашней прислуге и прохожим.]

लत्ते लेना

высмеивая кого-л., стараться его унизить

लहरें गिनना

тратить время впустую, на бесполезное, бессмысленное дело //ср. считать звёзды

लहू का घूँट पीना

подавлять или молча переносить множество душевных страданий

लहू का प्यासा होना

испытывать такую сильную неприязнь к кому-л., что хочется лишить его жизни //экв. жаждать крови

लहू पीना

сильно мучить или расстраивать кого-л. //экв. пить кровь

लहू लगाकर/मलकर शहीद होना

не прикладывая никаких усилий, не жертвуя ничем для какого-л. дела, ставить себя в ряд с теми, кто усердно работал

लहू सफ़ेद हो जाना

не остаться (о чувстве сожаления и жалости)

लाख टके की बात

ценное, актуальное и содержательное высказывание, замечание; полезный и уместный совет

लाख से लीख होना

быть почти полностью разрушенным (о чьём-л. добром имени, чести, репутации или имуществе)

लात खाना

опозориться из-за своёго дурного поступка

लात मारना

решительно осуждать кого-л., что-л., избегать его, считая недостойным себя

लार आना/टपकना

жаждать получить что-л. //экв. слюнки текут; стремиться очаровать кого-л.

लार/लासा लगाना

воспользовавшись невнимательностью человека, подчинить его себе

लाल उगलना

быть сладкоречивым, очень красиво говорить

लाल लगना/लगे होना

ирон. 1. возрастать благодаря какому-л. качеству, особенности (о чьей-л. важности, преимуществе) 2. быть щедро одарённым

लाले पड़ना

1. испытывать недостаток, нехватку чего-л. (вещей, денег) 2. быть в дефиците (о какой-л. вещи)

लासा होना

всегда присуствовать рядом с кем-л., преследуя свою корыстную цель; назойливо преследовать кого-л.

लासा/लार लगाना

воспользовавшись невнимательностью человека, подчинить его себе

लिफ़ाफ़ा खुलना

выясняться (о тайне, секрете, неизвестном факте)

लीक करना/खींचना

решительно и настойчиво высказывать собственное мнение

लीक/लकीर पर चलना

слепо следовать давно заведённым порядкам, традициям

लीक पीटना

1. слепо следовать устаревшим порядкам, традициям 2. зря стараться избавиться от последствий какого-л. несчастного случая, беды

लीपा-पोती करना

1. пытаться скрыть чей-л. дурной поступок, убеждая всех в его невиновности 2. пытаться сгладить сложную ситуацию, сохраняя видимость нормы

लुटिया डुबाना/डुबोना

1. своим поступком испортить, запятнать репутацию семьи 2. безвозвратно испортить какое-л. дело

लेने के देने पड़ना

вместо ожидаемой выгоды или прибыли, терпеть убытки или потерять что-л. своё

लोढ़ा डालना/ढालना
полностью уничтожить какое-л. дело, место

लोन न मानना
быть неблагодарным по отношению к тому, кто оказывает помощь

लोन निकलना
пожинать плоды своих неблаговидных поступков по отношению к благодетелю

लोहा गहना
браться за оружие; готовиться к бою

लोहा बजना
происходить (о битве, сражении) //ср. бряцать оружием

लोहा बरसना
происходить (о кровополитном сражении) с применением большого количества оружия

लोहा मानना
преклоняться перед кем-л., признавая его превосходство в каком-л. деле, мастерстве

लोहा लेना
1. упорно сражаться
2. противостоять чьей-л. силе

लोहे के चने चबाना
сталкиваться с большими трудностями при выполнении какой-л. работы

लोहे की छाती
человек, способный не дрогнув выдержать, стерпеть самые сильные страдания, горе

वक़्त पड़ना
оказаться в ситуации, когда нужна чья-л. помощь

व

वरक़ उलटना
происходить (о больших переменах, перевороте в какой-л. ситуации)

वार ख़ाली जाना
не удаваться (о попытке оскорбить, унизить кого-л., нанести вред кому-л.)

वारा जाना/होना
ради чьего-л. блага или какого-л. дела жертвовать всем своим имуществом; быть полностью преданным кому-л.

विष की गाँठ
злобный человек; мошенник, плут

विष/ज़हर घोलना
кознями портить чью-л. радостную жизнь или какое-л. успешное дело // ср. подлить яду

श

शंख फूँकना
внушать энтузиазм человеку, народу, стране

शंख बजना
1. добиться большого успеха или достичь чего-то особенного в каком-л. деле 2. разориться

शंख बजाना
радоваться, с трудом победив какую-л. болезнь, врага, соперника или добившись большого успеха в каком-л. деле

शगूफ़ा/शिगूफ़ा खिलाना/छोड़ना
высказывать или делать что-л., приводящее к ссоре, вызывающее беспокойство

शहद की छुरी
лицемер, завлекающий других в свои сети сладкими речами; предатель

शहद लगाकर अलग होना
1. устраняться, начав ссору, беспорядок 2. отдаляться от кого-л., внушив ему дурные привычки, пороки

शहद लगाकर चाटना
зря хранить какую-л. бесполезную для себя вещь

शाख़ निकालना
1. напрасно выискивать в каком-л. деле недостатки, ошибки 2. освещать новый аспект чего-л.

शाने से शाना छिलना
тесниться, толпиться (употребляется, когда речь идёт о такой тесноте, что люди трутся друг о друга плечами)

शिगूफ़ा/शगूफ़ा खिलाना/छोड़ना
высказывать или делать что-л., приводящее к ссоре, вызывающее беспокойство

शीराज़ा बाँधना
улучшать обустройство какого-л. места; собрать, скомпоновать что-л. разбросанное

शीश-महल का कुत्ता
сильно растерянный, потерявший рассудок человек

शीशे में उतारना
очаровав кого-л., использовать его в своих интересах

शेखी झड़ना/किरकिरी होना
теряться, слетать (о спеси); терять честь, опозориться, из-за показного, хвастливого поведения

शेखी बघारना/मारना/हाँकना
хвастаться, хвалить самого себя

शेर करना
ободрить кого-л., сделать кого-л. бесстрашным

शेर के मुँह से शिकार छीनना
бросать открытый вызов какому-л. могущественному человеку, мешая ему в успешно идущей работе или в получении прибыли

शेर होना
отвергнув сомнения, страх и беспомощность, стараться установить свой авторитет

शैतान की आँत
быть бесконечно продолжающимся (о деле, повествовании, вещи)

शैतान की ख़ाला
очень подлая, скандальная и лукавая женщина

शैतान सवार होना
становиться преобладающими (о вредных, негативных привычках) в поведении человека; быть готовым совершить что-л. дурное, недоброе (о ком-л.) //ср. чёрт ведёт

स

सती होना
1. (истор.) вдова, сгоревшая на костре вместе с телом мужа
2. переносить трудности, попав в компанию человека, находящегося в трудном, тяжёлом положении

सत्तू बाँधकर पीछे पड़ना
решительно браться за какое-л. дело

सथराव करना/डालना
убить на войне очень много врагов, противников

सन्नाटे में आना
цепенеть, остолбенеть из-за неожиданного поведения или реакции с чьей-л. стороны

सफ़ेद झूठ
явная, неприкрытая ложь

सफ़ेद पड़ जाना
остолебенеть и побледнеть от страха, болезни и т. п.

सफ़ेद हाथी
человек, организация или вещь, никак не оправдывающие вложенные в них затраты

सबक़ सिखाना
наказывать кого-л., мстить

ему за его ошибки, пороки и т. п., воздавать ему по заслугам //ср. преподать кому-л. урок

सब्ज़ बाग़ दिखाना/दिखलाना
сильно обнадёживать кого-л., чтобы поиметь свою выгоду или вытянуть из него деньги

सब्र पड़ना/समेटना
стать проклятым, причинив боль беспомощному человеку

समर सेज पर सोना
погибнуть на войне

समाँ बाँधना
на каком-л. мероприятии производить сильное впечатление на других, получать от них похвалу за свою красоту, талант, деятельность и проч.

सर' के मुहावरों के लिए देखें 'सिर' के तद्रूपी मुहावरे

सर करना
побеждать, брать под контроль что-л.

सराय का कुत्ता
человек, живущий за счет чужого труда, паразит; (вульг.) халявщик

सर्द होना/पड़ना
1. уменьшиться (об энтузиазме) 2. умереть

सस्ते (में) छूटना
легко решаться (о какой-л. трудной или кажущейся сложной работе)

साँचे में ढलना
подстраивать себя под чьи-л. стандарты

साँचे में ढला
быть очень привлекательным

साँप-छछूँदर की गति/दशा होना
возникать (о затруднительном положении, когда со всех сторон грозит опасность)

साँप सूँघ जाना
остолбенеть и оцепенеть, умолкнуть

साँस उखड़ना
дышать с трудом и прерывисто, как больной перед смертью

साँस उलटी चलना
быть при смерти //экв. дышать на ладан

साँस ऊपर-नीचे होना
быть сильно испуганным, опасаться чего-л.

साँस तक न लेना
1. быть в полном подчинении у кого-л. и никак ему не сопротивляться 2. не произносить ни слова, молчать //ср. бояться дышать

साँस/दम लेना
передохнуть

सात-पाँच न जानना
быть простодушным, бесхитростным, наивным человеком

सातों भूल जाना
оказавшись в беде, растеряться, полностью потерять рассудок

साथ सोकर मुँह छिपाना
вести себя формально, крайне скрытно даже с самыми близкими

साफ़ा देना
держать кого-л. голодным, не давать есть (часто о животных при дрессировке)

साया उठना
лишиться родителей, защитника, покровителя

साया पड़ना
попадать под чьё-л. влияние, восхищаясь его достоинствами, поведением

साये में आना
1. попадать под покровительство сильного 2. перенимать чьи-л. достоинства или недостатки

सिन्दूर चढ़ना
выходить замуж

सिन्दूर पुँछना/मिटना
становиться вдовой

सिक्का जमना/बैठना
устанавливаться (о власти, об авторитете)

सिट्टी/सिट्टी-पिट्टी गुम होना
остолбенеть и оцепенеть // экв. впасть в ступор

सिट्टी/सिट्टी-पिट्टी भूलना
остолбенеть и оцепенеть // экв. впасть в ступор

सितारा गर्दिश में होना
жить в трудное время, наступать (о тяжёлых временах)

सितारा चमकना/बुलंद होना
улыбаться (о судьбе)

सितारे मिलना
1. сходиться по характеру (о людях) 2. сблизиться, сдружиться с кем-л.

सिप्पा बैठना/भिड़ना
1. быть достигнутым (о результате стараний) удаваться (об уловке)
2. возникать (о благоприятной для какого-л. дела ситуации)

सिप्पा बैठाना/भिड़ाना/लड़ाना
1. искать способ сделать что-л. 2. создавать благоприятные условия для какого-л. дела

सिप्पा जमाना
1. готовить почву для какого-л. дела, разговора
2. устанавливать свой авторитет

सिर-आँखों/सिर-माथे पर बैठाना/रखना
радушно принимать кого-л., вежливо оказывать гостеприимство кому-л.

सिर आँखों पर होना
быть очень уважаемым, почтенным (о ком-л.); быть с радостью признанным или одобренным (о чём-л.)

सिर (पर) आ पड़ना
1. выпадать на чью-л. долю (о чём-л. неожиданном, нежелательном, мучительном или о какой-л. ответственности) 2. находиться в тяжёлой, неблагопрятной, необычной ситуации

सिर उठाना/ऊँचा करना
1. сопротивляться чему-л., устраивать бунт, переполох 2. стараться установить свой авторитет 3. прославлять кого-л. 4. жить с достойнством, уважая себя //экв. жить с гордо поднятой головой

सिर करना
1. возлагать ответственность на кого-л. 2. обвинять кого-л. в каком-л. ущербе, утрате или ошибке 3. причёсываться (о женщинах)

सिर काढ़ना/निकालना
1. стараться подняться с нижнего или среднего уровня на высший 2. демонстрировать свою власть, статус, общественное положение

सिर का/से बोझ उतरना
обретать покой, освободившись от ответственности, забот или выполнив какую-л. работу

सिर का बोझ उतारना/टालना
халатно или неохотно выполнять какую-л. возложенную работу или обязанность //ср. сбросить ношу с плеч

सिर के ऊपर से निकलना
не понимать значение, смысл или причину чего-л. увиденного, прочитанного, услышанного

सिर के बल चलना/जाना
испытывать к кому-л. глубокое уважение, привязанность и т. п.

सिर खपाना/पचाना/मारना
1. тратить много умственной энергии на какое-л. дело, ломать голову над чем-л. 2. уставать, растолковывая кому-л. какой-то вопрос

सिर खाना
1. тревожить кого-л., постоянно повторяя одно и то же, надоедать разговорами или расспросами //экв. проедать мозги 2. беспокоить кого-л. бессмысленными разговорами

सिर ख़ाली करना
1. утомлять кого-л. слишком долгими или пустыми разговорами 2. долго и тщательно обдумывать что-л. 3. долго

и старательно объяснять кому-л. свою точку зрения

सिर खुजलाना/खुजाना

1. (ирон.) хотеть быть наказанным за своё поведение или шалости (о детях) 2. быть не в состоянии понять что-л., быть озадаченным //экв. чесать затылок

सिर गंजा करना

1. сильно и жестоко бить кого-л. 2. полностью разорять кого-л. //ср. оставлять в одной рубашке

सिर घुटवाना/मुँड़वाना

1. отрекаться от мирской жизни 2. лишаться имущества из-за собственной глупости или чужого обмана

सिर घूमना/चकराना

1. растеряться, попав в затруднительное положение 2. вести себя безрассудно, внезапно получив большой успех, известность или богатство //ср. потерять голову

सिर (पर) चढ़कर बोलना

оправдываться, подтверждаться (о качествах, достоинствах кого-л., чего-л.)

सिर (पर) चढ़ना

1. пользуясь дозволенной свободой в общении, забыть о приличиях 2. пытаться вести с кем-л. неформально откровенные беседы, чтобы сблизиться с ним

सिर चढ़ाना

1. баловать, распускать кого-л., делать его дерзким 2. позволять кому-л. вести себя фамильярно, слишком сближаться с собой 3. принимать что-л. с уважением, почтением

सिर जोड़ कर बैठना

1. разговаривать друг с другом как близкие люди 2. вместе обсуждать что-л. серьёзное 3. держаться вместе во время большой беды, чтобы поддерживать и утешать друг друга //ср. голова к голове

सिर जोड़ना

собирать людей вместе для какого-л. дела или цели (напр. на мероприятии)

सिर झुकाना/नवाना

1. вынужденно, поневоле признавать чей-л. авторитет, власть 2. благоговейно, с уважением принимать чьи-л. распоряжения 3. опускать голову от стыда //экв. склонить голову

सिर (पर) डालना/थोपना/लादना

возлагать на кого-л.

ответственность, обязательства или вину

सिर थामकर/पकड़कर बैठना
огорчаться, переживать, сожалеть о чём-л.

सिर देना
жертвовать собой ради достижения какой-л. цели //экв. голову сложить

सिर धरना
1. возлагать на кого-л. ответственность, обязательства или вину 2. принимать кого-л., что-л. с уважением и почтением

सिर धुनना/पीटना
горько сожалеть, огорчаться из-за чего-л.

सिर नंगा करना
1. унижать, оскорблять, бесчестить кого-л.
2. проявлять по отношению к кому-л. покорность, кротость и вежливость

सिर न उठा सकना
1. с признательностью всегда быть вежливым и скромным в отношении кого-л. 2. быть поражённым кем-л. //ср. не сметь поднять головы

सिर निकालना/काढ़ना
1. стараться подняться с нижнего или среднего уровня на высший
2. демонстрировать свою власть, статус, общественное положение

सिर नीचा होना
быть побеждённым, униженным, обесчещенным

सिर पकड़कर बैठना
огорчаться, переживать, сожалеть о чём-л.

सिर पचाना/खपाना/मारना
1. тратить много умственной энергии над чем-л., ломать голову
2. уставать, растолковывая кому-л. какой-то вопрос

सिर पटकना
1. сильно стараться, чтобы понять что-л. или совершить какое-л. дело
2. горько сожалеть о чём-л. //ср. бить себя по лбу

सिर (पर) पड़ना
1. выпадать на чью-л. долю (о чём-л. неожиданном, нежелательном, мучительном или о какой-л. ответственности)
2. находиться в тяжёлой, неблагопрятной, необычной ситуации

सिर पर आना
приближаться, наступать (о каком-л. событии, сроке)

सिर पर उठाना
поднимать крик, скандал, панику

सिर पर कफ़न बाँधना
браться за дело, несмотря на большой риск смерти, ущерба

सिर पर खड़ा रहना/होना
1. всегда находиться рядом с кем-л., стремясь услужить ему 2. постоянно просить, выпрашивать что-л. у кого-л., чтобы добиться своей цели //ср. стоять над чьей-л. душой

सिर पर ख़ून चढ़ना
будучи во власти гнева, жаждать только разрушения //экв. кровь в голову ударила

सिर पर ख़ून सवार होना
будучи во власти гнева, жаждать только разрушения //экв. кровь в голову ударила

सिर पर खेलना
рисковать жизнью, выполняя какую-л. работу

सिर पर चढ़ा रहना
постоянно просить о чем-л., настаивать на своем или выпрашивать что-то у кого-л., чтобы добиться своей цели; постоянно виться вокруг кого-л., придумывая для этого разные причины, поводы

सिर पर चढ़ाना
1. баловать, распускать кого-л., делать его дерзким 2. позволять кому-л. вести себя фамильярно, слишком сближаться с собой 3. принимать что-л. с уважением, почтением

सिर पर टीका होना
благодаря своим особым качествам быть признанным лучшим среди всех в обществе или в какой-л. группе

सिर पर तलवार लटकना
испытывать постоянное напряжение, страх из-за какой-л. обязанности, работы //ср. меч над головой висит

सिर पर थाली फिरना
толпиться, собираться толпой

सिर पर (आ) पड़ना
выпадать на чью-л. долю (о неожиданной, нежеланной ответственности) //ср. упасть, как снег на голову

सिर पर पत्थर ढोना
выносить большие трудности, страдания; много трудиться

सिर पर पहाड़ गिरना
неожиданно нагрянуть (о большой беде) //ср. упасть, как снег на голову

सिर पर पाँव रखकर भागना
быстро бежать //ср. убегать сломя голову

सिर पर बिठाना/बैठाना
глубоко уважать кого-л., радушно, с большим уважением принимать кого-л.

सिर पर भूत चढ़ना
быть полностью поглощённым какой-л. идеей или желанием и быть не в состоянии думать ни о чём другом

सिर पर भूत सवार होना
быть полностью поглощённым какой-л. идеей или желанием и быть не в состоянии думать ни о чём другом

सिर पर रखना
1.с уважением принимать что-л. (о чьих-л. словах, советах, произведениях и т. п.) 2. возлагать на кого-л. ответственность 3. возлагать на кого-л. вину

सिर पर शैतान चढ़ना
склоняться к дурным привычкам, потеряв рассудок от страстного желания, вожделения, гнева, алчности

सिर पर शैतान सवार होना
склоняться к дурным привычкам, потеряв рассудок от страстного желания, вожделения, гнева, алчности

सिर पर सनीचर सवार होना
1. лишаться рассудка из-за дурного расположения планет 2. наступать (о неблагоприятном времени), обрушиваться на кого-л. (о несчастье)

सिर पर सवार रहना
постоянно просить о чём-л., настаивать на своём или выпрашивать что-то у кого-л., чтобы добиться своей цели: постоянно виться вокруг кого-л., придумывая для этого разные причины, поводы

सिर पर साया होना
иметь чью-л. поддержку, покровительство, защиту, укрытие

सिर पर सींग जमना
возникать у кого-л. (о склонности безосновательно ссориться, драться, скандалить)

सिर पर से निकलना
не понимать значение, смысл или причину чего-л. увиденного, прочитанного, услышанного

सिर (पर) सींग होना
(ирон.) иметь какую-л. особенность, отличительную черту

सिर (पर) सेहरा बँधना/होना
1. принадлежать кому-л. (о заслуге) 2. заслуживать похвалу 3. побеждать в каком-л. состязании 4. жениться

सिर पर हाथ धरना/रखना
поддерживать, обнадёживать какого-л.

сироту или пострадавшего, взяв его под своё покровительство //ср. протянуть руку помощи

सिर पर हाथ फेरना
1. притворяясь сочувствующим, заманивать кого-л. в западню 2. утешать, успокаивать или ласкать кого-л.

सिर पर हाथ होना
1. быть чьим-л. покровителем 2. иметь чью-л. поддержку, покровительство или защиту

सिर पर होना
1. быть чьим-л. покровителем 2. нести какую-л. ответственность 3. приближаться, наступать (о каком-л. событии, сроке)

सिर पीटना/धुनना
горько сожалеть, огорчаться из-за чего-л.

सिर फिरना
лишаться рассудка

सिर फोड़ना
1. сильно, но безрезультатно стараться сделать какое-л. дело 2. тщательно размышлять, стараясь решить какую-л. проблему, понять что-л. сложное

सिर बेचना
подвергать свою жизнь опасности ради какой-л. выгоды или цели

सिर मढ़ना/रखना
1. настойчиво возлагать на кого-л. какое-то дело, навязывать кому-л. ответственность 2. обвинять кого-л. в совершении чего-то дурного, какого-то преступления

सिर-माथे/सिर-आँखों पर बैठाना/रखना
радушно принимать кого-л., оказывать гостеприимство кому-л.

सिर-माथे पर होना
быть с радостью признанным или одобренным (о чём-л.)

सिर मारना/खपाना
1. тратить много умственной энергии на какое-л. дело, ломать голову над чем-л. 2. уставать, растолковывая кому-л. какой-то вопрос

सिर मुँड़ाते/मुँड़वाते ही ओले पड़ना
неожиданно возникать сразу после завершения какого-л. дела (о каком-л. нежелательном, неподходящем положении)

सिर मूँड़ना
обманом присваивать себе чьё-л. богатство или его большую часть; разорять кого-л.

सिर रखना/मढ़ना

1. настойчиво возлагать на кого-л. какое-то дело, навязывать кому-л. ответственность 2. обвинять кого-л. в чём-то

सिर रहना

1. стать причиной ответственности для кого-л. 2. оставаться в живых 3. сохраняться (о чести) 4. постоянно держать кого-л., что-л. под присмотром 5. нести ответственность 6. чтобы добиться своей цели, выпрашивать у кого-л. что-то, настаивать на своём

सिर लगाना/डालना

возлагать на кого-л. ответственность, вину или обязательство

सिर सहलाना

льстить кому-л. ради достижения своих корыстных целей

सिर से खेल जाना

с готовностью подвергать риску свою жизнь; быть готовым пожертвовать жизнью; рисковать жизнью //экв. ставить свою жизнь на кон

सिर से तिनका उतारना

формально, только для вида отреагировать на чью-л. серьезную помощь, поддержку

सिर से पाँव/पैर तक आग लगना

быть переполненным гневом

सिर से पानी गुज़रना

1. перейти предел терпения 2. безвозвратно испортить какое-л. дело

सिर होना

быть возложенным на кого-л. (о какой-л. ответственности или нежеланном, тяжёлом или неожиданном деле)

सींग कटाकर/तुड़ाकर बछड़ों में मिलना

будучи взрослым, общаться, дружить с молодыми, поступать по-ребячески; вести себя не по возрасту //ср. впасть в детство

सींग जमना

возникать у кого-л. (о склонности без причины ссориться, драться, скандалить)

सींग निकलना

1. возникать у кого-л. (о склонности без причины ссориться, драться, скандалить) 2. совершать проделки или глупые поступки, сходить с ума

सींग-पूँछ गिराना

1. притворяться несчастным и беспомощным 2. поддаться чьей-л. воле, сдаться

सींग लगाना

совершать что-л.

необыкновенное или бессмысленное, чтобы продемонстрировать своё высокомерие, силу или важность

सींग समाना
иметься (о возможности проживания где-л.)

सीधा करना
воспитывать кого-л.; располагать его к себе

सीधे मुँह बात न करना
вести себя надменно, невоспитанно, невежливо, грубо

सीना ताने खड़ा होना
1. твёрдо противостоять неблагоприятной ситуации, обстановке
2. быть неизменно готовым обронять, охранять кого-л.

सीने पर पत्थर रखना
1. молча переносить нестерпимую боль
2. твёрдо держать свои эмоции под контролем

सीने पर साँप लोटना
мучиться от сильной зависти, ревности, умирать от зависти, ревности

सीने में साँस समाना
вздохнуть с облегчением, поскольку миновала опасность, беда

सुपारी देना
нанимать профессионального убийцу

सुपारी लेना
соглашаться убить кого-л. за деньги (о профессиональном убийце)

सुबह-शाम करना
1. постоянно откладывать что-л. (напр. дело, ответственность) напотом //ср. кормить завтраками
2. проводить жизнь без особого интереса, знтузиазма, дела, цели

सुर में सुर मिलाना
поддакивать, льстить кому-л. ради собственной выгоды

सुरख़ाब/सुर्ख़ाब का पर लगा होना
1. отличаться каким-л. особым качеством
2. становиться важным благодаря какому-л. новому особому качеству

सूखे घाटों उतारना
пробудив в ком-л. ложную надежду, не дать ему ничего

सूखे धानों पर पानी पड़ना
1. неожиданно исполняться (о желании человека, находящегося в отчаянном положении)
2. пробуждаться в умирающем человеке (о жизни)

सूरज पर थूकना
покрывать позором самого себя, пытаясь опорочить уважаемого человека //ср.

плевать против ветра

सूरज पर धूल फेंकना

покрывать позором самого себя, пытаясь опорочить уважаемого человека //ср. плевать против ветра

सूरज को चिराग़/दीपक दिखाना

1. представлять людям кого-л., уже прославленного и всеми почитаемого 2. учить кого-л., кто уже является мастером своего дела //ср. учить учёного

सेर को सवा सेर मिलना

наталкиваться на ещё более искусного и ловкого противника

सेहरा बँधना

1. принадлежать кому-л. (о заслуге) 2. заслуживать похвалу 3. побеждать в каком-л. состязании 4. жениться

सोना उगलना

1. быть плодоносной (о почве) 2. оказываться полезным, выгодным, доходным (о деле или месте)

सोना बरसना

1. получать большую прибыль 2. получать больше ожидаемого (о богатстве) //экв. золотой дождь

सोने की कटार

с виду привлекательный, красивый, но по природе вредный, опасный (о ком-л., о чём-л.)

सोने की चिड़िया

богач, у которого можно выманить много денег

सोने की तौल तौलना

измерять что-л. с большой точностью, взвешивать с аптекарской точностью

सोने में घुन लगना

1. совершаться (о невозможном)
2. деградировать (о каком-л. добродетельном, скромном, совестливом человеке)

सोने में सुगंध/सुहागा होना

становиться ещё лучше, благодаря добавлению какого-л. элемента или качества (об уже очень хорошей вещи или человеке)

सोलह सिंगार करना

наряжаться с ног до головы, совершать полный туалет (о женщине)

सोलह-सोलह गंडे/गड़े सुनाना

сильно ругать, поносить кого-л. //ср. ругать на чём свет стоит

सौ के सवाये होना

получать большую прибыль в каком-л. бизнесе

सौ कोस (दूर) भागना
держаться подальше от кого-л., чего-л., стараясь порвать с ним все связи

सौ बात की एक बात
делать точное, уместное замечание; говорить по существу; быть общепризнанным фактом

ह

हँसी उड़ाना
порицать, высмеивать кого-л., иронизировать над кем-л.

हँसी/हँसी-खेल समझना
считать что-л. очень простым, лёгким или незначительным

हँसी में उड़ाना
1. не придавать особого значения чему-л., считая его обыкновенным, незначительным или никчёмным, не принимать что-л. всерьёз
2. переводить чей-л. совет, предложение, предупреждение и т. п. в шутку

हँसी होना
из-за своих поступков становиться объектом всеобщих насмешек, быть посмешищем, опозориться

हज़म कर जाना
присвоить себе обманным путём чужое имущество, наследство или богатство

हजामत बनना/होना
быть обманутым, ограбленным, побитым

हड्डी/हड्डियाँ गढ़ना
жестоко избивать кого-л. // экв. пересчитать кому-л. все рёбра

हड्डी चबाना
стараться силой получить что-л., не имея никаких шансов на успех

हड्डियाँ निकल आना
физически страшно обессилеть, сильно исхудать //ср. кожа да кости

हड्डी-पसली एक करना
жестоко избивать кого-л. // экв. пересчитать кому-л. все рёбра

हत्थे चढ़ना
быть вынудженным иметь дело с человеком,

который испытывает к тебе ненависть, враждебность, злобу или желание отомстить

हत्थे पर से उखड़ना

1. провалиться, не удаваться (о работе или деле) на последней стадии, этапе 2. получив удар в уязвимое место, раздражаться, терять выдержку, приходить в ярость

हत्या टलना

заканчиваться (о трудностях), проходить (о несчастье, постоянной тревоге, сомнениях)

हत्या मोल/सिर लेना

намеренно затеять раздор, распрю, ссору

हत्या सिर मढ़ना/लगाना

возлагать на кого-л. ответственность за ущерб, неблаговидный поступок, ошибку

हथियार डालना

1. признавать поражение на войне 2. испугавшись предстоящих трудностей, останавливать какое-л. дело на полпути //экв. сложить оружие

हथेली का फफोला

объект особого бережного отношения, очень хрупкая вещь

हथेली/हाथ खुजलाना

1. предчувствовать получение денег
2. испытывать сильное желание побить кого-л. // экв. руки чешатся

हथेली पर दही जमाना

пороть горячку, действовать с крайней поспешностью

हथेली पर बैठाना

окружать кого-л. роскошью

हथेली पर सरसों जमाना

надеяться, стараться сделать какую-л. работу раньше установленного срока

हरताल फेरना/लगाना

испортить, уничтожить какое-л. успешное дело

हरफ़/हर्फ़ आना

оказаться в ситуации, в которой можно опозориться

हरफ़/हर्फ़ लाना

осуждать, порицать или позорить кого-л.

हरा-हरा दिखाई पड़ना

иметь большие надежды на то, что что-л. принесёт благополучие, счастье // ср. видеть жизнь в розовом цвете

हरा बाग़ दिखाई पड़ना

иметь большие надежды на то, что что-л. принесёт благополучие, счастье

हरा-भरा

дом–полная чаша

हरी-हरी सूझना
создаваться (об иллюзии счастья, удовольствия или светлого будущего)

हरी झंडी दिखाना
давать согласие начать или продолжить какое-л. дело

हल जोतना
1. выполнять какую-л. тяжёлую трудную работу 2. небрежно, безалаберно делать свою работу //ср. тяп-ляп

हलक़ का कोतवाल/दरबान
человек, ограничивающий кого-л. в еде, не дающий кому-л. слово вымолвить

हलक़ से नीचे न उतरना
не приемлить что-л., считая это неуместным // экв. стать поперёк горла

हलका करना
позорить, оскорблять, унижать кого-л.

हलदी/हल्दी चढ़ना
готовиться к свадьбе [жениха и невесту за несколько дней до свадьбы родственники и гости натирают смесью из растительного масла и жёлтого порошка из корня куркумы]

हलदी/हल्दी लगाकर बैठना
1. кичиться, считать себя лучше других 2. под любым предлогом отказываться выполнять какую-л. работу

हलवा/हलुआ करना/निकालना
сильно избивать, избивать до потери сознания

हवन/होम करते हाथ जलना
иметь дурной результат какой-л. работы, начатой с добрыми намерениями

हवा उखड़ना
терять былую честь, репутацию и доброе имя

हवा उड़ना
распространяться (о слухах или ложной новости) //ср. витать в воздухе

हवा करना
присваивать себе какую-л. вещь обманом, красть что-л.

हवा का रुख़ जानना
понимать сложившуюся ситуацию //ср. чуять или знать, откуда ветер дует

हवा का रुख़ देखना
оценивать время и обстановку

हवा के घोड़े पर सवार होना
1. торопиться 2. быть опьянённым каким-л. чувством (напр. радостью, успехом, энтузиазмом, страстью)

हवा के रुख़ जाना
соответствовать обстановке и времени //ср. держать нос по ветру

हवा खाना

1. гулять на свежем воздухе, дышать свежим воздухом 2. потерпеть неудачу в каком-л. деле

हवा चलना

1. быть в тренде или в моде, широко употребляться (о вещи, идеях или образе мыслей, поведении) 2. распространяться (об идее, взглядах, образе мыслей)

हवा देना

способствовать, благоприятствовать чему-л. //ср. ветер в паруса

हवा (तक) न लगना

1. не слышать никаких слухов, молвы о чём-л., оставаться неосведомлённым 2. жить в достатке, с удобствами

हवा निकलना

1. пропадать (об энтузиазме) 2. пугаться 3. утрачиваться (о ложном авторитете)

हवा पलटना/फिरना/बदलना

полностью изменяться (о ситуации, об обстановке)

हवा बताना

1. отговариваться, уклоняться от чего-л. 2. под красивым предлогом отделываться от кого-л., прогонять его

हवा बाँधना/बनाना

1. успешно рекламировать себя или кого-л. 2. стараться создать себе ложную репутацию

हवा बिगड़ना

1. портиться (о ситуации, об обстановке) 2. быть утраченным (о добром имени, репутации) 3. ухудшаться (о традициях, нравах, морали)

हवा लगना

подвергаться чьему-л. (дурному) влиянию

हवा से बातें करना

быстро бежать //ср. мчаться, как ветер

हवा से लड़ना

1. ссориться, ругаться с кем-л., сердиться на кого-л. без причины 2. искать повод для ссоры, спора

हवा हो जाना

1. быстро исчезнуть, пропасть из вида, убежать, умчаться 2. быстро бежать //ср. мчаться, как ветер

हवाई क़िले बनाना

мечтать о недостижимых, невозможных вещах, придумывать неосуществимые планы // экв. строить воздушные замки

हाँड़ी पकना

плестись (о заговоре)

हाँड़ी फोड़ना

1. раскрыть чью-л. тайну,

разоблачить кого-л.
2. радоваться уходу неприятного человека
3. возлагать вину на кого-л. за испорченное дело

हाथ आना/चढ़ना
1. попадать под чью-л. власть //экв. быть под чьей-л. лапой; быть под колпаком 2. доставаться кому-л. (о вещи или выгоде)

हाथ उठाना
бить, поднимать на кого-л. руку

हाथ उठाकर देना
1. отдавать что-л. добровольно, с радостью
2. жертвовать, дарить

हाथ ऊँचा होना
1. тратить или щедро дарить что-л. 2. быть расточительным

हाथ ओछा पड़ना
наноситься не с полной силой (об ударе рукой)

हाथ कटना
1. оказаться не в состоянии выполнить какую-л. работу
2. прекращаться (о чьей-л. помощи), становиться беспомощным

हाथ का खिलौना
1. человек, полностью зависимый от кого-л., находящийся под его влиянием 2. любимая и дорогая вещь //ср. любимая игрушка

हाथ का पाँसा होना
полностью подчиняться кому-л., находиться под чьим-л. контролем

हाथ का मैल होना
1. быть незначительной, простой, обыкновенной вещью 2. оказываться неважным (о большом богатстве)

हाथ/हाथों के तोते उड़ जाना
1. остолбенеть от внезапного несчастья, беды 2. внезапно случаться (о чём-л.)

हाथ के नीचे आना
попадаться в чьи-л. руки, оказываться в чьей-л. власти

हाथ ख़ाली जाना
1. не удаваться (о каком-л. способе, выдумке) 2. не попадать в цель (об ударе рукой)

हाथ ख़ाली न होना
не иметь свободного времени, быть постоянно занятым //ср. не покладать рук

हाथ खींचना
1. прекращать (материально) поддерживать кого-л.
2. бросать, переставать заниматься чем-л.

हाथ/हथेली खुजलाना
1. предчувствовать

получение денег
2. испытывать сильное желание побить кого-л. // экв. руки чешутся

हाथ खुलना
проявляться (о привычке драться)

हाथ खुला होना
иметь склонность щедро дарить, раздавать что-л., тратить деньги

हाथ गरम होना
1. получать доход или какую-л. выгоду,
2. получать взятку //экв. нагреть руки

हाथ घिसना
продолжать какое-л. дело, даже если нет желаемого результата или эффекта

हाथ चलना
1. быть умелым в каком-л. деле 2. подниматься для удара (о руке)

हाथ जमाना
1. набивать руку, приобретать навыки, сноровку 2. давать пощёчину

हाथ जोड़ना
1. просить, умолять кого-л. о чём-то 2. разорвать всяческие отношения, связи с кем-л. 3. просить у кого-л. прощения

हाथ झाड़कर खड़ा/खड़े हो जाना
под предлогом неспособности, неумения отстраниться от какого-л. дела, работы

हाथ झाड़ना
1. отстраниться от какого-л. дела, работы под предлогом неспособности, неумения //ср. умыть руки
2. драться; непрестанно давать кому-л. пощёчины
3. использовать в бою большое количество оружия

हाथ झुलाते/हिलाते आना
1. безуспешно возвращаться откуда-л. после какого-л. дела
2. приходить в гости с пустыми руками

हाथ झूठा पड़ना
1. не попадать в цель (о чьём-л. ударе) // ср. неверная рука 2. утрачиваться, уменьшаться (о навыках, сноровке)

हाथ डालना
1. приступать к чему-л.,
2. помогать в какой-л. работе 3. вмешиваться во что-л.

हाथ तंग होना
нуждаться в деньгах, испытывать материальные затруднения

हाथ थामना
1. удерживать кого-л. от действий, совершаемых в ярости 2. оказывать помощь, поддержку

нуждающемуся
3. жениться

हाथ धोकर पीछे पड़ना
1 полностью посвящать себя чему-л. (часто желая нанести вред) 2. постоянно мучить кого-л.

हाथ धोना/धो बैठना
расстаться с любимой, нужной вещью и терять всякую надежду её вернуть

हाथ न आना
1. не найтись (о ком-л., о чём-л.) даже после приложения огромных стараний 2. несмотря на приложенные усилия, не суметь удержать кого-л.

हाथ पकड़ना
1. оказывать кому-л. помощь, поддерживать кого-л. 2. останавливать кого-л. в каком-то деле 3. брать в жёны, жениться на ком-л.

हाथ पड़ना/लगना
1. неожиданно получить что-л. без труда или старания //экв. идёт в руки 2. быть сильным (об ударе)

हाथ पर गंगाजली रखना
клясться на священных водах Ганги

हाथ पर तोता पालना
1. не давать заживать своей ране 2. стукнуться рукой

हाथ पर सरसों जमाना
надеяться или стараться сделать какую-л. работу раньше срока, быстро //ср. пороть горячку

हाथ पर हाथ धरकर/रखकर बैठ जाना
отчаяться, впасть в отчаяние

हाथ पर हाथ धरे बैठना
впустую тратить время, бездельничать //экв. сидеть сложа руки

हाथ पसारना/फैलाना
умолять, выпрашивать что-то у кого-л.

हाथ-पाँव/हाथ-पैर का जवाब देना
1. сильно устать, ослабеть
2. постареть

हाथ-पाँव/हाथ-पैर चलना
1. быть в состоянии работать, трудиться
2. быть деятельным, активным

हाथ-पाँव/हाथ-पैर चलाना
1. зарабатывать на жизнь 2. стараться добиться чего-л. 3. быть деятельным, активным

हाथ-पाँव/हाथ-पैर जोड़ना
униженно просить кого-л. о помощи, поддержке, умолять

हाथ-पाँव/हाथ-पैर ठंडे पड़ना
1. остолбнеть, испугаться
2. приближаться (о смерти), умереть

हाथ-पाँव/हाथ-पैर निकालना
1. выйти из-под чьего-л. контроля, действовать

своевольно 2. стараться установить свою власть над кем-л. 3. увеличиваться, расти (об организме, особенно в юности)

हाथ-पाँव/हाथ-पैर पटकना
прилагать все усилия, чтобы избавиться от какого-л. невыносимого положения или чтобы выполнить какую-л. работу

हाथ-पाँव/हाथ-पैर फूलना
от страха лишиться способности двигаться и делать что-л. //ср. замереть как вкопанный

हाथ-पाँव/हाथ-पैर फैलाना
1. расширять своё дело, преуспевать в нём 2. жаждать получать больше и больше

हाथ-पाँव/हाथ-पैर मारना
прилагать большие усилия, стараться изо всех сил, чтобы выполнить какое-л. задание, сделать какое-л. дело

हाथ-पाँव/हाथ-पैर सीधे करना
растягиваться во весь рост, чтобы отдохнуть

हाथ-पाँव/हाथ-पैर हिलाना
1. трудиться 2. делать что-л., действовать

हाथ-पाँव/हाथ-पैर हारना
1. отчаиваться, сдаваться, потерпев неудачу //ср. опустить руки 2. ослабеть из-за старости

हाथ पीले करना/होना
выдавать или выходить замуж

हाथ फेरना
молча, украдкой, хитростью красть, воровать, присваивать что-л.

हाथ फैलाना/पसारना
умолять, выпрашивать что-л. у кого-то

हाथ बँटाना
помогать кому-л., оказывать содействие в чём-то

हाथ बँध जाना
оказаться вынужденным действовать, находясь в установленных рамках // экв. со связанными руками

हाथ बढ़ाना
1. требовать что-л. вне собственной компетенции, сверх того, на что имеешь право 2. инициировать поддержку в чём-л.

हाथ बाँधे खड़े रहना
быть постоянно готовым служить кому-л.

हाथ बिकना
1. быть чьим-л. последователем, приверженцем, почитателем, слугой 2. полностью подчиняться кому-л.

हाथ बैठना/मँजना

быть искусным в каком-л. деле, иметь навыки, сноровку //ср. набить руку

हाथ बैठाना/माँजना
набивать руку, приобретать навыки в каком-л. деле

हाथ भर का कलेजा होना
1. быть очень храбрым, смелым 2. испытывать чрезвычайную радость и гордость

हाथ माँजना/बैठाना
набивать руку, приобретать навыки в каком-л. деле

हाथ मलकर रह जाना
не сметь сделать что-л. из-за беспомощности и жалеть об этом

हाथ मलना/मींजना/मींड़ना
1. сожалеть, раскаиваться 2. отчаиваться из-за беспомощности 3. расписываться в беспомощности, бессилии в каком-л. деле

हाथ मारना
1. присвоить себе что-л. хитростью 2. выиграть пари 3. отнять деньги у кого-л. 4. неожиданно получить успех в каком-л. деле

हाथ मिलाना
1. устанавливать с кем-л. дружеские или товарищеские отношения 2. заключать сделку //экв. пожать руки

हाथ/हाथों में चूड़ियाँ पहनना
вести себя как трус (о мужчине) //ср. носить юбку (о мужчине)

हाथ में ठीकरा लेना
побираться, просить милостыню

हाथ में नकेल होना
полностью подчиняться кому-л. //экв. держать на поводке

हाथ में मेंहदी लगी होना
досл. красить руки хной// 1. быть не в силах делать что-л.; молча сидеть сложа руки 2. (ирон.) быть трусом (о мужчинах)

हाथ में हाथ देना
1. выдавать кого-л. замуж, женить 2. признавать кого-л. родным, полностью доверяя ему, породниться 3. подружиться с кем-л.

हाथ में होना
быть под чьём-л. контролем (о какой-л. ситуации или деле) //экв. быть в чьих-л. руках

हाथ रँगना
совершить какой-л. проступок; стать соучастником в каком-л. преступлении

हाथ रोकना
1. уменьшать расходы 2. препятствовать кому-л. в совершении какого-л. дела 3. прекратить делать

какую-л. работу

हाथ लगना

1. неожиданно доставаться
2. подключаться к какому-л. делу

हाथ लगाना

начинать какое-л. дело, присоединяться к какому-л. делу

हाथ समेटना

1. начинать экономно тратить деньги
2. прекращать, останавливать какое-л. дело

हाथ साधना

1. пробовать свои силы в каком-л. деле 2. стараться набить руку, приобрести навыки, сноровку в чём-л.

हाथ साफ़ करना

1. ловко красть, воровать что-л. 2. набивать руку, приобретать навыки, сноровку в чём-л.
3. наедаться чем-л. во время банкета, приёма // ср. наесться от пуза

हाथ से जाना/निकलना

лишаться власти над кем-л., чем-л. //экв. ускользнул из рук

हाथ हिलाते/झुलाते आना

1. безуспешно возвращаться откуда-л. после какого-л. дела
2. приходить в гости с пустыми руками

हाथ होना

участвовать в планировании или осуществлении какого-л. дела

हाथी के साथ गन्ने खाना/चूसना

по глупости пытаться сравниться с тем, кого невозможно превзойти

हाथी बाँधना

1. делать или иметь что-л., требующее больших затрат
2. быть очень богатым и состоятельным

हाथों उछलना

1. быть вне себя, прыгать от радости 2. сильно биться, трепетать (о сердце)

हाथों/हाथ के तोते उड़ जाना

1. остолбенеть от внезапного несчастья, беды 2. внезапно случаться

हाथों-हाथ उड़/बिक जाना

пользоваться большим спросом на рынке, легко продаваться //ср. товар с руками отрывают

हाथों-हाथ लेना

1. с готовностью принимать что-л. новое (тенденцию, идею и т. п.) 2. принимать кого-л. с большим почётом, оказывать кому-л. гостеприимство

हाय पड़ना/लगना
расплачиваться за причинённую кому-л. боль, быть проклятым жертвой

हारिल की लकड़ी
"быть незаменимой опорой, поддержкой для кого-л."

हालत पतली होना
находиться в жалком положении, испытывать материальные трудности

हाशिया चढ़ाना
иронически комментировать, пояснять что-л.

हिन्दी की चिन्दी निकालना
выискивать и показывать в чём-л. незначительные, несущественные недостатки; придираться к чему-л.

हिज्जे करना
впустую спорить о чём-л.

हिज्जे निकालना
возражать, противоречить чему-л.

हिज्जे पकड़ना
1. критиковать чьи-л. слова, игнорируя их смысл, содержание
2. без серьезных оснований искать недостатки, выискивать ошибки в чём-л.

हिया फूटना
быть не в состоянии отличать правильное от неправильного, терять рассудок

हिये का अंधा
безрассудный, глупый, лишённый эмоций человек

हिसाब करना
увольнять кого-л. //экв. давать расчёт

हिसाब बैठना
нравиться, подходить кому-л.

हुक्का-पानी बंद करना
1. прекращать общение, порывать отношения с кем-л. 2. устранять, изолировать кого-л. из общества

हुलिया तंग होना
сильно тревожиться из-за страданий, забот, нехватки денег

हृदय उछलना
сильно радоваться, волноваться и т. п., в том числе в предвкушении или после исполнения какого-л. желания, совершения достижения

हृदय उमड़ना
1. переживать прилив нежных чувств (любви, радости, сострадания и т. п.) 2. жалеть кого-л. до слёз

हृदय पत्थर हो जाना
стать бесчувственным // экв. каменное сердце

हृदय भर आना

жалеть кого-л. до слёз

हृदय से लगाना
принимать кого-л., что-л. близко к сердцу

होंठ काटना/चबाना
1. сильно сердиться, негодовать 2. быть вынужденным подавлять свой гнев, не имея возможности выразить его по морально-этическим соображениям или по какой-л. другой причине

होंठ चाटना
1. жаждать съесть что-л. //ср. слюнки текут 2. выражать свою удовлетворённость от вкусной еды

होंठ सी लेना
решиться не высказывать своё мнение о чём-то

होम/हवन करते हाथ जलना
иметь дурной результат какой-л. работы, начатой с добрыми намерениями

होम करना
1. уничтожать что-л.
2. жертвовать всем

होश आना
1. приходить в себя
2. освободившись от иллюзии или фантазии, осознать реальность

होश उड़ जाना
1. растеряться
2. удивляться, изумляться
3. не знать, что делать из-за внезапного испуга, удивления

होश ठिकाने आना
1. слетать (о спеси)
2. осознавать своё истинное положение

होश में आना
досл. приходить в себя// освободившись от иллюзии или фантазии, осознать реальность //ср. раскрыть глаза; пелена с глаз упала

होश सँभालना
наступать (о возрасте, когда ребёнок начинает осознавать окружающий мир)

हौसला निकालना
исполнить долгожданное желание

Список использованных словарей

प्रयुक्त मुहावरा कोश एवं शब्दकोश सूची

(यहाँ कोशों के नाम उनकी जिल्द के अनुसार लिखे गए हैं)

1. वृहत् हिन्दी मुहावरा कोश; प्रधान सम्पादक : डॉ भोलानाथ तिवारी सम्पादक : डॉ शशिप्रभा, डॉ किरण बाला
2. मानक हिन्दी कोश खण्ड 1 - 5; प्रयाग 1962 - 1966; प्रधान सम्पादक : रामचन्द्र वर्म्मा
3. बृहत् हिन्दी कोष; वाराणसी 1989; सम्पादक : कालिका प्रसाद, राजवल्लभ सहाय, मुकुन्दीलाल श्रीवास्तव
4. हिन्दी-रूसी शब्दकोश खण्ड 1, 2; मॉस्को 1972; प्रधान सम्पादक वसीली बेस्क्रोव्नी
5. मुहावरा कोश; दिल्ली 2017; सम्पादक हरिवंश राय शर्मा
6. राजपाल हिन्दी शब्दकोश; दिल्ली 1996; डॉ. हरदेव बाहरी
7. लोकभारती हिन्दी मुहावरे और लोकोक्ति कोश; इलाहाबाद 2013; डॉ. बदरीनाथ कपूर
8. हिन्दी मुहावरा कोश; इलाहाबाद 1964; सम्पादक : डॉ. भोलानाथ तिवारी
9. हिन्दी मुहावरा-कोष; इलाहाबाद 1993; आर. जे. सर हिन्दी
10. आधुनिक रूसी-हिन्दी शब्दकोश; मॉस्को 2004; अलेग उलत्सिफ़ेरव
11. रेख़्ता फाउंडेशन द्वारा निर्मित ऑनलाइन त्रि-भाषी शब्दकोश

कोश के सम्पादक

डॉ. आन्ना चेलनोकोवा

डॉ. आन्ना चेलनोकोवा–सेंट पीटर्सबर्ग राजकीय विश्वविद्यालय के भारतीय-भाषा विभाग में बतौर एसोसिएट प्रोफ़ेसर एवं विभागाध्यक्ष कार्यरत हैं। इन्होंने इसी विश्वविद्यालय से एशियाई एवं अफ्रीकी साहित्यिक अध्ययन में एम. ए. किया है, साथ ही भारत और नीदरलैंड में भी शिक्षा प्राप्त की है। वर्ष 2009 में हिन्दी-साहित्य में इनकी पीएचडी सम्पन्न हुई। इनके शोध-कार्य का विषय "आधुनिक भारत में रामायण" था।

रूसी, अंग्रेज़ी और हिन्दी में इनकी 40 से अधिक (8 मोनोग्राफ और पाठ्यपुस्तकें) पुस्तकें तथा हिन्दी और अंग्रेज़ी से रूसी भाषा में 10 अनुवाद प्रकाशित हो चुके हैं। ये रूस, यूरोप और भारत में आयोजित होने वाले साहित्यिक कार्यक्रमों में व्याख्यान देने के लिए आमन्त्रित की जाती हैं। वर्ष 2018 में ये भारतीय विदेश मन्त्रालय द्वारा विश्व हिन्दी सम्मान से सम्मानित की गयीं।

ईमेल : ladyeng@mail.ru

प्रगति टिपणीस

लखनऊ से ताल्लुक़ रखने वाली प्रगति टिपणीस पिछले तीस से अधिक वर्षों से मॉस्को में निवास कर रही हैं। वे पेशे से इंजीनियर हैं, लेकिन पिछले कई वर्षों से साहित्यिक और व्यावसायिक अनुवाद के क्षेत्र में सक्रिय हैं। वर्ष 2012 में उन्होंने रेडियो 'रूस की आवाज़' में अनुवादक और उद्घोषक के रूप में कार्य करना प्रारम्भ किया, और यहीं से उनके अनुवाद-कार्य की शुरुआत हुई।

उन्होंने *'आईसेक्ट पब्लिकेशन, भोपाल'* से प्रकाशित पुस्तक *'रूस की चयनित रचनाएँ'* का संकलन और सम्पादन किया है। साथ ही वे ऑनलाइन पत्रिका *'अनन्य-*

रूस' की सम्पादक भी रही हैं। उनके द्वारा हिन्दी और रूसी दोनों भाषाओं में कई पुस्तकें अनूदित और प्रकाशित हो चुकी हैं।

वर्तमान में वे साहित्यिक अनुवाद कार्य के साथ-साथ हिन्दी और अंग्रेज़ी भाषा का शिक्षण भी कर रही हैं। उनके अनुवाद, लेख, और कहानियाँ विभिन्न पत्र-पत्रिकाओं में नियमित रूप से प्रकाशित होते रहते हैं।

ईमेल : pragatitipnis@gmail.com

डॉ. सरोज शर्मा

जयपुर में जन्मीं डॉ. सरोज शर्मा ने मॉस्को के जन-मैत्री विश्वविद्यालय (पैट्रिस लुमुम्बा पीपल्स फ्रेंडशिप) से रूसी भाषा विज्ञान में एमए और पीएचडी की है। इन्होंने 'रेडियो रूस' में पाँच साल बतौर हिन्दी अनुवादक काम किया। 'हिन्दी से प्यार है' समूह की 'साहित्यकार तिथिवार' परियोजना के लिए इन्होंने भारतीय लेखकों पर कई आलेख लिखे हैं। आजकल रूसी तथा हिन्दी पढ़ाने के साथ-साथ ये ललित रूसी साहित्य का हिन्दी में अनुवाद कर रही हैं।

ईमेल : sarojsharmaj@gmail.com

डॉ. अल्पना दाश

डॉ. अल्पना दाश का जन्म भोपाल में हुआ है। वर्ष 1985 से ये मॉस्को, रूस में रह रही हैं। इन्होंने मॉस्को के पैट्रिस लुमुम्बा पीपल्स फ्रेंडशिप विश्वविद्यालय से रूसी भाषा एवं साहित्य में एम ए और भाषा विज्ञान में पीएच डी की है। ये मुख्य रूप से अनुवाद और अध्यापन के क्षेत्र में काम करती हैं। 'रेडियो रूस' में अनुवादक के पद पर कार्यरत रही हैं तथा इन्होंने मॉस्को राजकीय विश्वविद्यालय में हिन्दी भाषा का अध्यापन किया है।

वर्तमान में रूसी तथा हिन्दी पढ़ाने के साथ-साथ रूसी ललित साहित्य के हिन्दी में अनुवाद के क्षेत्र में काम कर रही हैं।

ईमेल : alpanadash@gmail.com

मानवेन्द्र सिंह शर्मा

रोहतक (हरियाणा) में जन्मे मानवेन्द्र सिंह शर्मा पेशे से फार्मासिस्ट हैं। स्नातक में इनका मुख्य विषय इतिहास था। साहित्य, इतिहास, फ़िल्म और संगीत में इनकी ख़ास रुचि है। शौक़िया तौर पर ये अनुवाद भी करते हैं। अखिल भारतीय जन विज्ञान

नेटवर्क की पुस्तिका 'हमारा देश हमारा जीवन' इनके द्वारा अनूदित है। इनकी समीक्षाएँ 'जनसत्ता', 'समीक्षा', 'बाल वाटिका', 'सेतु' (पिट्सबर्ग, अमेरिका से प्रकाशित) व अन्य पत्र-पत्रिकाओं में प्रकाशित हुई हैं। दिल्ली से निकलने वाले दैनिक समाचार पत्र 'सीएनएन' में इन्होंने बतौर उप-सम्पादक काम किया है। फ़िलहाल निजी क्षेत्र में कार्यरत हैं।

ईमेल : readingjoy2020@gmail.com

Наши редакторы

Анна Витальевна Челнокова

Анна Витальевна Челнокова–доцент, заведующая кафедрой индийской филологии Восточного факультета Санкт-Петербургского Государственного университета. Она закончила СПбГУ по специальности Литература стран Азии и Африки, обучалась и стажировалась в Индии и Нидерландах. В 2009 г. защитила кандидатскую диссертацию "«Рамаяна» в современной Индии (на материале литературы хинди)". Сфера ее научных интересов включает в себя теорию и социологию литературы, современную литературу Индии, индийско-российские литературные связи, межкультурную коммуникацию, теорию перевода и гендерные исследования.

Ей принадлежат более 40 научных публикаций на русском, английском и хинди, среди которых 8 монографий и учебников. Она также активно работает как переводчик художественной литературы, регулярно выступает с лекциями и мастер-классами по литературе в России, Европе и Индии. В 2018 г. министерство иностранных дел Индии присудило ей высочайшую награду за пропаганду языка хинди - World Hindi Award.

Эл. почта : ladyeng@mail.ru

Прагати Типнис

Прагати Типнис родом из г. Лакнау, уже более 30 лет живёт и работает в Москве. По образованию она инженер, однако на протяжении многих лет занимается переводческой деятельностью, начав её на радио «Голос России», где также работала диктором.

Под её редакцией вышла книга «Сборник избранных произведений России» (издательство — Айсект Пабликэшан, г. Бхопал), а также в течение почти двух лет она была редактором онлайн-журнала «Ананья-Русь».

В её переводе опубликовано несколько книг — как на русском языке, так и на хинди. В настоящее время, помимо переводческой деятельности, она преподаёт хинди и английский языки. Её переводы, статьи и рассказы регулярно публикуются в различных журналах.

Эл. почта : pragatitipnis@gmail.com

Сародж Шарма

Сародж Шарма родилась в Джайпуре. Она окончила филологический факультет Университета Дружбы Народов им. П. Лумумбы со степенью кандидата филологических наук. Она пять лет работала в качестве переводчика с русского на хинди на радио «Голос России». Много её статей об индийских писателях было опубликовано индийским сообществом ‘любовь к языку хинди’. В настоящее время занята переводческой деятельностью и преподает русский язык и хинди.

Эл. почта : sarojsharmaj@gmail.com

Алпана Даш

Алпана Даш родилась в городе Бхопал. С 1985 года живёт в Москве. Окончила Российский Университет Дружбы Народов им. Патриса Лумумбы со степенью кандидата филологических наук.

Работала переводчиком на радио «Голос России»

и преподавала хинди в Московском Государственном Университете.

В настоящее время занята преподаванием русского языка, языка хинди и переводом русской художественной литературы на хинди.

Эл. почта : alpanadash@gmail.com

Манвендр Сингх Шарма

Манвендр Сингх Шарма, родился в Рохтаке (штат Харьяна), профессиональный фармацевт. С отличием закончил бакалавриат по истории, в числе его интересов - литература, история, кино и музыка. Для души занимается переводами, по заказу Всеиндийской народной научной сети подготовил перевод книги "Hamara Desh Hamara Jeevan" ("Наша страна - наша жизнь").. Его рецензии, критические статьи и обозрения публикуются в разных газетах и журналах. Он также работал в качестве заместителя редактора в ежедневной газете «C. N. N.» в Дели.

Эл. Почта : readingjoy2020@gmail.com

(स्व.) योगेंद्र नागपाल

योगेंद्र नागपाल का जन्म मुज़फ़्फ़रनगर, उत्तर प्रदेश में हुआ, वहीं से उन्होंने स्कूली शिक्षा भी प्राप्त की। जवाहर लाल नेहरू विश्वविद्यालय, दिल्ली में रूसी भाषा केंद्र के वे पहले छात्रों में से थे। रूसी भाषा में अद्वितीय प्रतिभा-प्रदर्शन के कारण उन्हें उच्च शिक्षा के लिए रूस में पढ़ने का वज़ीफ़ा मिला। उन्होंने मॉस्को राजकीय विश्वविद्यालय से रूसी भाषा-विज्ञान में परास्नातक किया। वे पहले ऐसे अनुवादक थे, जिन्होंने मूल रूसी भाषा से हिंदी में अनुवाद करना शुरू किया था। इससे पहले रूसी साहित्य का अनुवाद आमतौर पर अंग्रेजी से किया जाता था। नागपाल जी सुन्दर भावानुवाद करने के लिए जाने जाते हैं। यह नागपाल जी का अनुवाद के प्रति प्रेम, समर्पण और अनुभव ही था, जिसने उन्हें हिंदी-रूसी मुहावरा कोश का बीड़ा उठाने का जज़्बा और हिम्मत दी। यह एक भगीरथ प्रयत्न था जो पूरी तरह से काम के प्रति समर्पण और लगन से पूरा हुआ। पूरी लगन और समर्पण से काम करना सम्पादक मंडल के सदस्यों ने नागपाल जी के साथ काम करते हुए ही सीखा था और उसी के बलबूते पर उन्होंने नागपाल जी की असमय मृत्यु के बाद इस कोश को सम्पूर्ण किया।

नागपाल जी ने प्रचुर मात्रा में उत्कृष्ट अनुवाद किया है। उनके द्वारा अनूदित बाल साहित्य भी बहुत सराहा जाता है। उनके द्वारा अनूदित कुछ कृतियाँ हैं : लेव तल्स्तोय की 'कज़्ज़ाक' और 'कोहकाफ़ का बंदी', मिख़ाइल शोलोख़व की 'जो देश के लिए लड़े', निकालाई अस्त्रोव्स्की की 'अग्नि दीक्षा', अर्कादी और गेओर्गी वाइनर की 'हिमानी सागर में', मामिन सिबिरयाक की 'सुनो कहानी बिटिया रानी', अन्द्रेई प्लातोनव की 'अनुपम और क्रूर संसार में', वसीली सुख़ोम्लीन्स्की की 'बाल हृदय की गहराइयाँ', गिनादी बचारव की 'मनुष्य द्वीप नहीं है'। इन रचनाओं को पढ़कर कोई भी यह अंदाज़ा लगा सकता है कि रूसी और हिंदी भाषाओं पर उनकी पकड़ कितनी मज़बूत थी और अनुवाद का हुनर उन्हें बख़ूबी आता था। सम्पादक मंडल आजीवन उनसे सीखी बातों और कामों के लिए उनका आभारी रहेगा।

Йогендер Нагпал

Йогендер Нагпал родился в городе Музаффарнагар, штат Уттар-Прадеш, где получил образование. Он был одним из первых студентов Центра русских исследований в Университете им. Джавахарлала Неру в Дели. Благодаря своим успехам в изучении русского языка, он получил стипендию для продолжения образования в России. Он окончил Московский государственный университет, где получил степень магистра по филологии.

Он был первым переводчиком, начавшим переводить непосредственно с русского языка на хинди. Йогендер Нагпал был известен своим прекрасным, образным переводом. Его глубокие знания и опыт в переводе вдохновили его на создание «Хинди-русского словаря идиом». Это был поистине титанический труд, завершённый исключительно благодаря его самоотверженности и упорству. Работая совместно с ним, члены редакционной коллегии научились отдавать делу все силы и, благодаря этому, после его безвременной кончины они смогли завершить работу над словарём.

Он перевёл многих советских и русских писателей на язык хинди. Большую ценность представляют и его переводы детской литературы, которые получили высокую оценку.

Среди них наиболее значимые произведения : 'Казаки' Льва Толстого, 'Они сражались за Родину' Михаила Шолохова, 'Как закалялась сталь' Николая Островского, 'Карский рейд' Аркадия и Георгия Вайнеров, 'Алёнушкины сказки' Мамина-Сибиряка, 'В прекрасном и яростном мире' Андрея Платонова, 'Кавказский пленник' Льва Толстого, 'Сердце отдаю детям' Василия Сухомлинского, 'О свободах подлинных и мнимых' сборник Сырокомского, 'Человек не остров' Геннадия Бочарова. Эти работы показывают, насколько блестяще он владел как русским, так и хинди, и каким совершенным мастерством обладал в переводе. Редакционная коллегия навсегда останется благодарна ему за всё, чему он её научил.